地方創生でリッチになろう！

成功する8つの心得

小島慶藏　著

中央経済社

まえがき

本書を手に取っていただき有難うございます。

いつの頃からか、地方創生は私のライフワークとなっています。

日本の各地域の美しい大自然*の魅力を最大限に活かして地方創生の仕事を楽しむことが喜びです。

大自然のもつ付加価値を発見し、磨き上げて新規の事業創出をしています。

都会と海外に発信して、そこからヒト・モノ・カネ・夢・ブランド・情報などを地域に呼び込んで豊かな地域づくりに取り組んでいるところです。

シャイで無口な私ですが、おかげさまで地域の方々と信頼関係を築き、繋がっていくことでいます。

* 本書で、「大自然」とは人間の常識では計り知れない、雄大で畏敬の念を抱かせる存在としてとらえています。
「自然」は日常生活の中で接する身近な自然です。

地方創生の取り組みの中で接する「大自然」は、人間が個人としては超越できない存在であり、かつ付加価値資源として、オンリーワンの魅力づくりに繋がっています。

新規の事業が予想以上にうまく展開してきているのが実情です。

本書の目的は、若い心をお持ちの方、大学や高校の学生さん、また年齢に関係なく意欲のある方々に、「地方創生」の基本的な考え方、あり方、重要性、課題解決の方法を理解していただくことです。

その上で6次産業の創出、国際戦略、人材育成、楽しみ方、成果・実績の上げ方、等々のノウハウを学んでいただきたいと思っています。

そして、1人でも多くの方が生涯のライフワークとして、楽しみながら、地方創生に取り組んでいただき、本当の意味で地域が豊かになることを願っています。

明治以来、地方創生で大きな成果が出なかったのは、地方創生の基本的な知識を学べる教科書がなかったことが原因だったと考えています。

私は現場の実務派プロデューサーの立場で、政策づくりの発想方法も含めて本書をまとめてみました。

第1章では、「地方創生で私が大儲けをした8つの心得」について述べています。

第2章では、「地域に高付加価値資源がない場合」の対応方法として、オリーブ8次産業創出の考え方を述べています。また、「地域に高付加価値資源がある場合」の対応方法として、ナマコ6次産業創出の事例と進め方、考え方を述べています。

第3章では、地域の担い手、人材育成の重要性について記述しました。

第4章では、「これからの地方創生と国際戦略」について民間主導型の国際戦略、姉妹都市提携の活用方法などについて述べています。

第5章は第1章～第4章までのまとめです。

さあ、私といっしょに、新しい地方創生について考えてみましょう。

目次

第1章 地方創生で私が大儲けをした理由
——大儲けをする8つの心得

第3章 地域の担い手、人材の育成
――地域と個人の夢を叶える勉強会

第4章　これからの地方創生と国際戦略
――地方創生では、日本国内と海外戦略で2度稼ぐ

《地方創生事業の理念、進め方》

① **地域おこしの理念**

- 心の触れ合う楽しい街づくり
- 大自然を活かした「美しい街づくり」
- 雇用の創出（若者、高齢者にやさしい街づくり）
- 地域住民、市町村、商工会議所、総務省、ふるさと財団、大学に感謝

② **地域おこしの進め方**

- すべてのヒントは現場にある
- 現場主義の徹底（有識者100人を訪問）
- 産・官・学連携の改善

⇓高い付加価値資源の発見と新しい事業づくり（全員参加型）

⇓会議、研究、総括の単年度意識からの脱却

▲天橋立：天橋立の砂浜（京都府・宮津市）

⇓新規事業の創出、雇用の創出、販路の創出（輸出、開発輸入、国内）
●地域外からヒト・モノ・カネの大きな流れとウネリを創出
●小さなウネリを数多く創出すること（小さなウネリが大きなウネリに）
●市町村の組織力を活用、協働、情報の共有、補助金の活用
●主役は市民（町民、村民）
●行政と市民の繋ぎ役に、よそ者のプロデューサーを
●街の実態を知り、特性を活かすこと（国内外の都市と比較）
●中心テーマを絞る
⇓大自然、神社・仏閣、環境、食料、農業、観光・グルメ
●人脈づくり、同志の輪を拡大
⇓勉強会、講演会の実施、シンポジウム

③ **新しい事業づくり**

●費用対効果、最大限のリスクを考慮
●成功例をつくり、地域の内外で信頼関係を構築（有言実行、短期間で成果を出す⇓地域外に情報発信）

●研究、開発だけでなく、生産、販売、成約まで支援
●市役所、商工会議所、大学機能の創出と最大化、最適化を図る
●スピード感を重視して、その場で決断、推進
●業界の最有力企業を後押しし、成功の支援実績をつくり、2番手以下の企業にも自信を持ってチャレンジしてもらう
●有言実行（夢と戦略を語り、まず実行）
⇓失敗を恐れない。3割バッターを目標にする

④　これからの街づくり

●地方の時代、東京一極主義からの脱却
●魅力ある、特色ある街づくり
●雇用の確保（若者が家庭を持って暮らせる街づくり）

▲福井大学

●少子高齢化（高齢者の生産力、購買力の活用）
●国際戦略の必要性
●変化への対応（変化を楽しむ気概）
●地域のＧＤＰ（域内総生産）を増加させ、市民の年収を底上げ
●地方創生で得た利益を新規の地方創生事業に再投資
●主体的に地域のことを考え、心豊かに暮らせる街づくり
●人材づくりを最重点に、心豊かに暮らせる街づくり
●産・官・学・民が連携し、地域おこしできる人材創出のシステムづくり

第1章

地方創生で私が大儲けをした理由

——大儲けをする8つの心得

▲イタリア・シチリア島
丘の上の街とオリーブ林

皆さんは地方創生について、市町村が主役で、地域の住民はボランティアとして従事するというイメージを持っていないでしょうか？

地方創生で大きな儲けができることに意外な感じをされなかったでしょうか？　実は、地方創生は地域住民が主役であり、地域住民が市町村を活性化することなのです。ベンチャー企業を立ち上げるような感覚で取り組むと、大きな儲けの実現が可能かもしれません。

大学の講義の中で、ある学生が「結婚して子育てして落ち着いてから、地域の中で趣味として地方創生を始めてみようと思っているのですが……？」と質問しました。

私は、「地域の住民が地域を良くするためには趣味でなく、社会貢献の仕事として取り組んでみることを考えてみるのが良いと思う。つまり、単なる趣味では、仲間内の内向きな活動になってしまう。」と答えています。

仕事の感覚で行えば、仲間も増えて、事業感覚で、地域の外部に発信することに繋がり、結果的に、地域の外部からヒト・モノ・カネを地域に呼び込むことができて、地域住民も豊かになれるから感謝もされます。やはり、取り組む時の意識が大事ですね。

実際に私は、地方創生を始めた時から大儲けができると思っていました。いろいろな取り組みで、数十億円単位の収益を出しています。

利益の出る仕組みをつくり、実際に、地域住民、市町村は潤っています。

地方創生で大儲けをするポイントは、以下に述べるとおりです。

1 大自然を活かした地方創生

❖大自然の高い付加価値資源を発見し、新しい事業をつくって、地域外に発信

地域住民から、「地方創生のやり方、発想方法など、具体的にどこから手をつけてよいかわからない。」という相談をよく受けます。

私は、「地域にはそれぞれ特有の長所があり、地域の大自然の付加価値の高い資源を発見することが大事である。地域の付加価値資源を磨き上げて、新しい事業を立ち上げると予想以上の面白い展開になる。」と説明しました。

事業を地域外の都会、海外などに発信することが大切と思います。地域の大自然の高い付加価値の資源の活用をすることが必要なのです。

新規の産業創出、新規の観光事業づくりをして、事業内容を地域の外部の都会と海外に発信して広めるべきです。

そして、都会・海外などから、ヒト・モノ・カネ・夢・ブランド・情報を地域に呼び込むこ

▲京都府の天橋立
山頂から見た風景

とに注力します。

つまり、地域の大自然の高い付加価値の資源を活用して、競争力のある産業創出、観光の振興を図ることで、オンリーワンの魅力ある地域づくりに繋げていくのです。

地域の住民から、「地方創生というと、税金で大きな建造物、いわゆる箱物を作っている場合が多い。都道府県や市町村が主役のようなイメージで、自分たちは参画しにくいイメージがある。」という話を聞かされました。

私は、「大自然の付加価値を活用して地方創生を行えば良い。人工の物は他の地域から真似されますが、大自然の付加価値は他の地域には絶対に真似できないものです。したがって、持続的拡大の可能な成果・実績を上げることができ、魅力のある地域づくりにも繋がるのです。」と答えました。

やはり、人工物を対象とした地方創生の事業は成功しても、他の地域から容易に真似をされてしまいます。人工物による成功は長続きしないケースが多いのです。

各地域には地域住民が気付いていない大自然の付加価値が眠っています。

地域住民が主役として、その地域の大自然の付加価値資源を発見、磨き上げれば良いのです。大自然を対象にして創出した事業は他地域も真似できませんので、その事業の成功は長続きします。

まずは、地域に眠っている付加価値の資源の発見をすることに注力すべきです。付加価値の資源開発の優先順位付けを行って、そのような発想で新しい事業創出をしていくことが大事です。

❖新しい事業の立ち上げ

ある学生から、「地方創生は、できるところから手を付けていけば良いのではないか？」という質問を受けました。

地方創生も事業である以上、成果の目標の実現を見据えて、目標の成果実現のイメージと到達点を考えて、一番効率の良い方法手順を踏んでいくことが大事ですね。

大自然の付加価値を出口戦略（最大限の成果を出す戦略）に繋げることが可能かどうかを見

▲福井大学

極めることが必要なのです。

ポイントはその付加価値が本当に高いものかどうかの見極めをすることです。つまり、出口戦略で関係者全員の利益実績を確保できるかどうかです。

新しい事業づくりをする時は、その事業の収益、成果が大きいかどうかを見極めることがポイントになります。

地域の付加価値資源の判定のポイントは次のとおりです。

まず、出口戦略の取り組み関係者の純利益の総額を想定して、どのくらいの金額規模になるかを判断することです。

少なくとも、新規事業を立ち上げて純利益総額が１０００万円単位しかないのか、１億円単位の規模なのかを判断する能力がプロデューサー役には求められます。

最初は難しいですが、少なくとも、そのような意識、考え方で取り組むことが必要です。事業の入口でその成果を見極めないと、無駄な活動になってしまいます。

新しい事業づくり、新規ビジネスづくりもスタートは簡単ですが、事業の撤退には余分な手間と時間がかかるものです。

付加価値の高い資源と判断した場合はその付加価値の資源を磨き上げることです。そして、収益性の高い事業をつくり、成果を出すことが必要です。

そのためには、プロデューサー役は地域住民の主役プレーヤーを見つけて、行政と一緒に支援を行っていくことが重要となります。

2　6次産業創出と8次産業創出の発想と実行
――「無から有を生む」ことの楽しみ

❖6次産業創出

講義の時に、数人の学生から、「6次産業の内容についてわからないので詳しく教えてほしい。」という発言がありました。

まず、6次産業とは、自分の地域にある1次産業（農業、水産業など）の高付加価値化を目指して、2次産業（製造業・加工業）と、3次産業（サービス、販売、流通業）までを取り込んで行う産業のことです。

「1次＋2次＋3次」で、6次産業と呼ばれています（第2章で事例を紹介します）。

❖8次産業創出

① 発想方法

また、同じ学生から、「自分の地域に高い付加価値資源がない場合は、どうすれば良いのか？」との質問がありました。

自分の地域の大自然に、高い付加価値の資源がない場合でも問題ありません。

なぜなら、他地域の付加価値の資源を自分の地域に持ってくればいいからです。さらに加工の工程で、自分の地域の付加価値のある資源を足し合わせて、オンリーワンの地域ブランドをつくり出せば良いのです。8次産業創出は6次産業創出に次の2工程を加えたものです。

② 0次産業

（他の地域から高付加価値の資源を自分の地域に持ち込む工程）

自分の地域に高付加価値の資源がない場合、他の地域の高付加価値の資源を自分の地域に持ち込み、新規事業創出を行うことです。

③　プラスアルファ２次産業
（自分の地域の特産物を加えて新たなブランドを作る工程）

プラスアルファ２次産業とは、他の地域から持ってきた高付加価値資源に自分の地域の付加価値資源を足して加工する産業のことです。

６次産業に０次産業とプラスアルファ２次産業を付け加えて、８次産業となります。

私はこれを「８次産業創出」と命名しました。この発想方法を最大限に活用して成果・実績を上げています。

８次産業創出の発想方法と手法を活用することで、観光振興、中心市街地活性化、雇用創出、人口減少問題の取り組みにも活用することができます。

実は、８次産業創出の発想は、地方創生では大きな成果・実績を出すための発想方法の方程式として認識、活用することは非常に効果が大きく重要なのです。

自分の地域が付加価値資源に恵まれていない場合は、「無から有を生む」８次産業創出の発想方法を活用することが大事で効果的です。

ブランド業界の衣服やラグジュアリー業界で、ブランド民間企業が、毎年、新規のヒット商品を生み出す考え方もこの手法と同じです。売れ筋と売れ筋を掛け合わせて、超売れ筋を作っていくのです。毎年、ヒット商品を出し続けて売るノウハウでもあります。

④　循環サイクル

8次産業は、6次産業に0次産業（他の地域から高い付加価値資源を自分の地域に持ち込むこと）と、プラスアルファ2次産業（自分の地域の特産物をミックスして新たなブランドづくり加工）を加えたものです。

（8次産業　＝　6次産業　＋　0次産業　＋　プラスアルファ2次産業）

8次産業の循環サイクルは、次のとおりです。

0次産業（他の地域から高い付加価値資源を自分の地域に持ち込み）＋　1次産業（農業、漁業など）＋　2次産業（加工）＋　プラスアルファの2次産業（自分の地域の付加価値資源を加味して地域ブランドづくり加工）＋　3次産業（サービス・流通・販売）を足すと、合計8次産業になります。

つまり、地方創生では地域内に販売する「地産地消」のみならず、地域外に発信して、都会、海外から「外貨」を稼ぐ「地産他消」の発想が重要になります。

8次産業創出とは、その地産他消の発想を拡大したものです。他の地域の付加価値資源を自分の地域に持ち込み、自分の地域ブランドを掛け合わせて新しいブランドをつくり、地域の外にも発信して外貨を稼いでいくものです。

⑤　効用とすすめ

８次産業創出は、地域外から地域にヒト・モノ・カネ・夢・ブランド・情報を呼び込み、地域を豊かにすることができます。

私はこのサイクルを、８次産業創出の発想方法について地方創生の各分野の課題解決に楽しみながら活用しています。８次産業創出には感性、技量、能力が必要となります。

地域間競争の中で飛び抜けて目立つ魅力と成果を出すためには、この新たな付加価値の資源の導入が真にオンリーワンの付加価値の大きな成果を出すことに繋がります。

さらに、発想を拡大して、海外の大自然の豊かさを発見、磨き上げて、新規事業を創出することができるとベストです。

その高付加価値で魅力を創出して、ヒト・モノ・カネ・夢・ブランド・情報を地域に持ち込むことができ、産業と観光の振興、人材の交流面で活性化にも繋がって効果がでます。８次産業創出の詳細については、第２章でオリーブ産業創出の具体的事例を用いて解説します。

3 地方創生での役割を明確にすること

❖地域住民を主役に

ある地域住民から、「地方創生は、国の役人、都道府県・市町村の職員の指示、提案で、公務員が中心になり、それに従って地域の住民が動いていくものと思っていたが、そうではないのか？」という質問がありました。

地方創生では、関係者の役割を明確にすることが大事です。主役は地域の住民と地域の企業であり、国、自治体、大学と外部専門家人材は地域の住民と地域の企業などを支援する立場なのです。

国は資金面（補助金など）で市町村、商工会議所などを支援すると同時に、国の外部専門家人材を市町村に派遣して地方創生事業の支援を行います。

国から派遣される外部専門家人材は「地域のしがらみ」もなく、地域の実情、課題などを分析しながらプロデュースして、市町村と一体となって市民、企業の支援を行います。

市町村だけでは、資金面、人材面で限界があります。つまり、地域再生の目的と理由を明確にして、国に協力を仰ぐことを考えることも必要なのです。

具体的には、市町村、商工会議所は国の外部専門家人材を招聘してプロデューサー役として登用、活用することで地域住民が主役として動くことができるのです。そうすれば、市民も「よそ者」視線で客観的に地域の課題分析が可能になります。

各地域は、国全体の各地域間の競争の中で、客観的な対応策を行っていき、オンリーワンの魅力づくりをしていく必要があるからです。

また、大学の役割は、知的な専門分野で知識を提供することと、地方創生、地域再生を行う人材を教育する機能を有することです。市町村は、地域再生事業の生物学的な分野や技術的な専門分野の知識活用が必要な場合に、大学と連携することも大事です。

市長（町村長）の役割は、事業内容を確かめ判断し、実行を指示することです。

▲京都府宮津市の「由良オリーブを育てる会」
市長、市民と一緒にオリーブ園を造成した

❖市民（町民、村民）の中でのメインプレーヤー

ある地域で地方創生のコーディネーターから、「地方創生の主役は市民であるとは初めて聞いた。としたら、具体的には、どのように市民の中でのメインプレーヤーを見つけるのか？」と聞かれました。

地方創生の新規事業創出では、地域の中でのメインプレーヤーを見つけ出すことが最重要です。極論を言えば、市民の有志や、住民グループと出会えるかどうかが、成果を出せるかどうかの最大のポイントというほど大事です。

つまり、意識して、メインプレーヤーを探し出すことができるかどうかが、成果・実績の達成が可能かどうかに繋がります。

メインプレーヤーを探し出すノウハウは次の3点です。

① 市町村、商工会議所など現場情報により訪問、面談して探し出す。
② イベント、協議会、地域内の店舗オーナーなどを徹底的に訪問し面談する。
③ 勉強会を立ち上げ、開催を継続して、参加者の中からテーマに応じた各分野のメインプレーヤーを見つける。

地方創生事業というものは、志の高い者同士がお互いの職能やノウハウを持ち寄り、役割に

▲上天草市の市民のメインプレーヤー
NPO 法人シートラスト会長と会員たち

応じて協働して作り上げるものです。

事業の目的に応じて市民のメインプレーヤーを探し出すことに注力することが必要です。メインプレーヤーを自治体、国、外部専門家が支援することが大事です。

外部専門家人材がプロデューサーとして行政と市民との繋ぎ役になり、潜在的な付加価値の高い資源を発掘して、磨き上げて新規事業の創出支援をすればよいのです。

つまり、新規ビジネス構築支援を行い、メインプレーヤーがプレーヤーとして最大限の成果の出るように支援することが重要です。

❖地方創生を義務教育に

講義中に、ある学生から「地方創生は、社会人として成功した人がするものだと思っていた。」など

▲舞鶴市の市民のメインプレーヤー：東八塾

▲福井県大野市の市民のメインプレーヤー・ダイヤモンド塾：大野問答塾

と発言がありました。

私は、「義務教育で、地方創生の授業を設けて、各生徒が高校、大学、そして就職の進路を決める前に、日本人として、どう生きていくべきかを考えていくべきだ。」と答えました。

数年前から地方創生の講義が各地の大学で開始されています。高校でも地方創生の授業が開始されている地域もあります。

本当は、義務教育の小学校、中学校の授業でも地方創生の教育が必要と思われます。高校生、大学生は進路問題も抱えており、じっくりと学ぶことができるのは義務教育の小学生、中学生と思うからです。

義務教育の間に、地方創生の課題を考える機会があれば、学生自身が進学、就職などの進路を考える時に地域を考慮に入れるかもしれません。自分の地域を豊かにすることも考慮して人生設計を立てることにも繋がり、若者の東京への集中化も回避できると思われます。

大学、高校の地方創生の授業では、教室での座学の講義、グループ・ディスカッション以外にも、野外でのフィールドワークも含めて実施すると効果的と思います。

❖「よそ者*」視線の重要さ

ある時、講義の間のコーヒーブレイクの休憩時間に学生から、「地方創生で、よそ者の意味について教えてほしい。」という質問がありました。

地域の高い価値資源に気付くには、「よそ者」視線が必要で、「よそ者」とは地域の潜在的な付加価値資源、魅力を客観視することができる者なのです。また、それに加え、地域の課題解決に向けて付加価値資源を発見できて、それを磨き上げて、目利きができる人物が「よそ者」です。

＊　地方創生で使われる関連の言葉で「ばか者」は、常識人から見たら、ばか者に見える人ですが、常識を無視した自由な発想、行動ができる素晴らしい人物を意味しています。
「若者」は年齢が若い人という意味だけでなく、年齢に関係なく、常に情熱と夢を持ち続けて積極的な改革ができる人物の意味です。

実績とビジョンのある「よそ者」の外部専門家人材をプロデューサー役として地域住民の「わか者」、「ばか者」を主役プレーヤーにすると成果・実績に繋がる可能性が高くなります。

その土地に生まれた人は、地域内のすべての付加価値資源の存在が当たり前と感じているのでどの資源が宝の山であるかに気付くことは難しいものです。

地域住民だけの発想で、最初に地域の付加価値資源の評価を誤まると、いくら努力しても、成果・実績は出ません。

「よそ者」は、日本全国の地域と比較して、その地域の付加価値資源の競争力、潜在力を客観的に評価できるのです。よそ者も地域住民も「高い志」と「情熱」が一番重要な意識と資質です。そして、常に基本的な意識の中に持ち続けることが大事です。

「よそ者」とは同じ都道府県内から来た「よそ者」でなく、他の都道府県から来た実績のある「よそ者」です。

同じ地域出身者にはどうしても先入観念があり、付加価値資源を第三者の目線で公平に評価することは難しいのです。

4　地方創生事業の出口戦略の本当の意味

地域の現場で、「出口戦略の意味が人によって言うことが違うので、はっきりわからない。」という質問をよく受けます。「出口戦略」は売上げであると誤解される場合が多いのです。

売上が出口戦略なのではなく、「利益、実績成果の最大限の確保と実現の戦略」が出口戦略なのです。

従来の一般的な地方創生の問題点として、見通しが甘く成果の出ない出口戦略が多く見受けられます。主役の地域の住民と地域の持続的発展のためには、実績成果の出る出口戦略が必要です。

地域再生のビジネス事業を継続するためには、高収益の実現、観光客の大幅増加、働く場と仕事の増加、移住者の呼び込み増加などの実績成果が出る出口戦略が必要なのです。

成果・実績が伴わない地方創生の事業は、行政からの補助金の支給が終わった時点で事業を継続することが不可能になります。

観光や中心市街地の活性化事業の場合は、地域の魅力を創造して地域の外部に地域の魅力を発信して、外部からの観光客をいかに多く増やすかがポイントです。

やはり、観光客に地域で多額の消費をしてもらい、地域を豊かにすることができるかどうかがポイントです。

ほとんどの地方創生の事業の出口戦略の収益は、人件費などの経費の負担を補助金に頼り、独立した事業としては赤字事業が多いのが実態です。採算がとれない事業は補助金がなくなれば消滅するのは当然です。

何よりも事業の利益確保を目的とした出口戦略を行う意識が必要なのです。

5 GDP（域内総生産）の増加
――市民の年収の底上げ

ある地域でコーディネーターから、「地方創生で、地域が真の意味で豊かになるには？　また、目に見える効果が出るようにするためにはどうすれば良いのか？」という質問を受けました。

地方創生で地域が稼いだカネ（事業収益）が地域内に呼び込まれると地域の中でカネが回りだして、地域住民の平均年収が底上げされるものです。御用聞きではなく、まず、地域住民が儲かる地方創生ビジネスを具体的に提案する力を付けることが重要なことを説明しました。

地域から地域の外部に対する発信をして、地域外からヒト・モノ・カネ・夢・ブランド・情報を呼び込むことが大事なことも念押しをしました。やはり、GDP（域内総生産：Gross Regional Product）を増やしていくことが必要です。

具体的には、目に見える成果の利益金額を増やしてGDPを増やすことなのです。GDPの増加額をその地域（市町村）の人口で割っていくと、市町村民の1人当たりの収入が増えて平均年収の底上げに繋がります。

さらに話を進めると、地域住民の所得が増えると地域住民の地方創生に参画する意識も強くなり、ますますその地域は豊かになっていきます。

地域の現場には、付加価値資源が必ずあります。その付加価値資源に気付いて磨き上げて産業を創出し地域の魅力を高めることです。

つまり、地域外に発信することにより、地域の外からヒト、モノ、カネを循環させて、地域と地域住民の方々を豊かにして夢と情熱を持ってもらうことが重要です。そうすれば、「地域の魅力アップ」、「雇用創出」、「定住人口の維持・拡大と交流人口の増加」を目指すことが可能となっていくのです。

6 新規事業創出の仕組み、ノウハウづくり
――ベンチャービジネスと同じ感覚で

❖オンリーワンの魅力づくり

大学講義の一環で、ある地域のフィールドワークの講義中に、学生から、「自分の故郷の街を

良くしていくためには、どうすれば良いのか？」と尋ねられました。

私からは、「自分の街の特色を出して、オンリーワンの魅力づくりをすることだ。」と答えました。オンリーワンの魅力づくりのためには、地域の大自然の高い付加価値を発掘、磨き上げ、ブランド化した新しい事業づくりが大事なのです。

地域外に付加価値の高い産業創出を発信して、域外からヒト・モノ・カネ・夢・ブランド・情報を地域に引き寄せることが重要だからです。

地域の付加価値資源は次のようなものです。神秘的なもの（神社仏閣、パワースポット、静寂性など）、ダイナミックな美しい景観（大自然の里海、里山）など、地域に昔から伝承されているもの（寺社、歴史、花、お祭り）です。

また、食の資源（果樹、農産物、水産物、グルメ料理）、古くから伝承されている匠の技、技術伝統工芸、伝統産業、伝統芸能）などです。幸いなことに、日本の地域は個々の特色ある大自然という高い付加価値の資源を有しています。

地域の付加価値資源を磨き上げる仕組みをつくり、そのオンリーワンの魅力を発信していくと大きな成果に繋がります。

海外も含めて大都会地域の外部から、ヒト・モノ・カネ・夢・情報・ブランドを自分の地域に引き寄せ、地域の人々の収入と仕事を増やしていくことを楽しみながら実現していくのです。

❖高い付加価値の資源に絞ること

地方創生に取り組み始めた学生から、「地域に入り、地方創生の活動を開始して、６次産業*を起こしたいが、地域に付加価値資源が見当たらないので困っている。」と相談を受けました。

６次産業の創出をしたくても、地域に高付加価値の資源がない場合でも方策はあるのです。他の地域の「高付加価値資源」を自分の地域に導入することです。

つまり、「自分の地域の特産物」を掛け合わせてブランドづくり、販売を行う「８次産業創出」として展開することが大きな成果に繋がります。

❖新しい事業づくりのノウハウ

地域おこし協力隊から、「新しい事業づくりの具体的なノウハウとエッセンスを教えてほしい。」という相談を受けました。

私からは、次の内容を具体的に述べてみました。

＊　前にも述べましたが、６次産業とは農林水産物の１次産業、２次産業、３次産業を掛け合わせて生産にとどまらず、加工生産、販売、サービスまで有機的に付加価値を高めて利益を高めていく方策です。

① 付加価値が高いもの、需要が多くて供給が少ないものにテーマを絞ることが成果・実績を上げるために必要である。
② 新しい事業づくりの内容は、出口戦略（最大限の成果の実現）が可能なものに絞る。
③ 役割分担は地域住民を主役として行う。
④ 多額の設備投資が必要でないものに絞ることも重要である（小さく産んで、大きく育てること）。
⑤ 有望案件が多い場合は「取り組み優先順位」を付けること。
⑥ 新しい事業は継続が可能で事業サイクル化して持続拡大が可能なものに絞ること。
⑦ 一定規模以上の取扱い規模が期待できる付加価値の資源に絞ること。そのためには、現場で事業規模と収益規模を想定することが必要である。
⑧ 単一の魅力だけでなく、複数の魅力を掛け合わせて地域ブランドを確立することが重要となる。
⑨ 地域の内部向けより、都会・海外といった外部向け発信をすることが大事である。
⑩ 目利きは外部人材専門家が行うと効果的な場合が多い（地域の住民は、付加価値資源を過小評価あるいは過大評価しがちなため）。
⑪ 地域に付加価値資源がない場合、8次産業創出が必要である。他の地域から付加価値資源

〔図表1－1〕　国際的なヒト・モノ・カネの循環(1)

- 大自然の活用で、オンリーワンの魅力づくり
- オリーブ事業創出を、大都会と海外に発信
- 大都会や海外から、地域に富と人を呼び込む
- 行政と外部専門家人材が市民を支援
  (出口戦略の策定と具体的な実行は必須)
- 地域住民との対話の中に地域振興のヒントあり
- 大自然、文化、食の体験のストーリーづくり
- 地方創生の担い手、人材育成による持続拡大

を導入して自分の地域の特産物と掛け合わせてブランドづくりを行い、8次産業創出を実行する柔軟な発想方法が必要である。

⑫　高い付加価値の資源による「オンリーワン」の魅力づくりが必須である。

❖国の外部専門家人材の活用

ある地域住民から、「市民が主役と言われても、国の役人の方々、市町村の職員の方々と、一緒に肩を並べて、地方創生を行っていくことは、現実問題として難しいのではないか?」という質問を受けました。

これまで、政策づくりと実行・実践ができて、出口戦略を実現できる外部専門家人材の活用が効果的なことを説明しました。

これからの時代は都会や海外から、ヒト・モノ・カネを呼び込むことのできる国の外部専門家人材の活用が必須です。

ただし、政策づくりしかできない単なるコンサルタントではなく、企業経営の経験者、あるいは実際に、ヒト・モノ・カネを地域に呼び込んだ実績のある外部専門家人材が必要なのです。そのような人材は、国の事業が終了した後も主役の地域住民と繋がって、地方創生事業を持続的に拡大していきます。

❖6次産業創出の失敗例、陥りやすい例

あるコンサルタントから、「6次産業は難しく、どこから手を付けてよいかわからない。全国各地の6次産業の具体的な失敗例について教えてほしい。」という相談がありました。

私は、次のようなアドバイスをしました。

① 付加価値の低い資源を対象にした産業創出は、事業参加者の全員に利益が出なくなり事業継続が難しくなる。

② 市場において需要に対して供給過多の製品づくりを避けることが必要である。供給過多の付加価値の低い資源の産業創出は販売も難しく、利益の伴う売上げにならず継続拡大ができなくなる。

③ 日本全国の6次産業の一番多い失敗事例は、出口戦略（収益確保）を視野に入れずに、事業を開始する場合がほとんどである。

④　事業成功時に効果の高いものから優先的に開始することが大事である。まず、１案件か２案件に絞り、着実に成果を出すことを考えて優先順位をつけて取り組んでいくことが必要である。

⑤　大きな設備投資などの人工の物を中心に組み立てられた産業創出は一時的に成功しても、他の地域に真似をされて過当競争になる。収益確保の持続性、知名度維持などが難しくなる可能性が高い。

⑥　設備投資の小さな産業創出を行うことが重要である。多額の設備投資が必要な場合は設備投資金額の減価償却費が高くなり、経費がかさんで利益確保の実現ができなくなることに繋がる。

⑦　地域ブランドの確立で価格コントロールが可能になる。高付加価値の製品づくりで収益確保もできるようになる。

7　「地域外への発信」の徹底

大学のフリーディスカッションの講義で、学生から、「通常の地方創生は、地域の中の一過性のイベントが中心で成果・実績が出ていない。どうすれば良いか？」という相談を受けました。

私は、次のような説明をしました。

「従来の地方創生事業の発信は地域の中を対象に行われていた。やはり、地域の中だけでの地方創生事業は、地域の中だけでヒト・モノ・カネが回るだけでジリ貧になるのではないか。地域活性化の事業は内容を地域の外部に発信して、地域外からヒト・モノ・カネ・夢・ブランド・情報などの大きな利益を地域内に呼び込むことが必要なのである。」

つまり、既存の地域振興の事業も新たな事業創出の内容も、地域の外に発信して、地域の外から、ヒト・モノ・カネ・夢・ブランド・情報を地域に呼び込むことが重要です。

事業の主役である地域住民の収入が増えて市町村の税収、GDP（域内総生産）も増えて本当の意味で地域が豊かになることが実感されるものです。

新たな産業創出、観光振興、雇用育成、人材育成を行うことにも繋がります。

発信方法は、地域外に対しては、SNS（フェイスブック、インスタグラムなど）の活用が効果的です*。

また、地域の市町村の東京・大阪事務所の活用、東京の県人会、東京の市町村会の活用が、クチコミでの発信も含めて有効です。JRや公共交通機関の駅と協働してパンフレットの配布や観光客へ周知することも必要です。

講演会での紹介も有効です。また、地域出身の有名人、政治家の活用も波及効果が大きい場合があります。国の外部専門家人材の人脈の活用も有効です。

私は、福井県・鯖江でのペーパーグラスを製造した西村昭宏さんの創業時には、私が主宰する京都府・舞鶴の勉強会「東八塾」の塾長のセレクトショップなどを紹介して、２０００個以上（３０００万円以上）のペーパーグラスを販売支援しています。

8 国際化への対応の徹底
――日本国内の成果内容を海外でも実施して、２倍の成果達成を

地方創生の先進県の議会から、「先進県の市町村は国内では東京などでの活動で、少しずつ、成果が出始めている。ただし、国際的にはどうすれば良いのかわからないのが実情である。」という相談を受けました。

私は、次のようにお答えしました。

＊　地域内への発信方法は、地方新聞の記事、地方新聞社の雑誌などに掲載、市役所・市報、商工会議所・広報誌、商工会議所青年部幹部、ＪＣ、ＳＮＳ、ＪＲ駅の活用、そして、商店街理事長への説明、区長会などでの説明、勉強会での説明や発信資料の配布などが効果的です。

「地方創生の国際戦略は難しいことではなく、日本国内で成功した事業を海外でも同様に行えば良いだけです。」

地方創生の事業創出は日本国内で成功する事業は、海外でも成功して成果・実績を上げることが可能なのです。

1つの事業創出で日本国内のみならず、海外でも成果・実績を上げて、2度の成果・実績を上げることにトライすれば良いのです。

海外の姉妹都市の活用がキーポイントになります（詳細は、第4章で述べます）。

❖インバウンド（訪日外国人）の取り込み

地方創生の先進地域の市町村から「インバウンドの見通しとインバウンドの取り込み方法を教えてほしい。」という質問を受けました。

私は、次のように答えました。

「平成28年度に日本のインバウンド観光客は2403万人を突破して、そのうち、国際クルーズでの入国が111万人以上を超えている。平成29年度は2800万人ほどに増加する見通しである。」

10年以上前から、フランスの外国人観光客の数は約8000万人前後で推移しており、その点、日本は観光の後進国といえます。

ただ、日本の伸びしろは大きく、１億人程度までは伸びると思われますが、日本の各地域の滞在型観光の実現が必要で、今後の大きな課題です。

逆に言えば、伸びる余地が大きいだけに宿泊型観光と広域型観光を実現できる日本の市町村は観光振興、人口の維持増加も含めて、大きく飛躍する可能性があります。温泉などの癒し、大自然の付加価値資源の磨き上げ、神社などの神秘的パワーの活用が鍵となります。

国際空港や全国各地の港に上陸したインバウンド観光客は都道府県の県庁所在地や有名な観光地を目的に動き回ります。

国際クルーズ船で入港した市町村の街がインバウンド観光客の恩恵を十分に受けていないことが残念です。地方行政と商店街の受け

▲イタリアのリゾート地・アマルフィー
スローフードの本場

皿づくりが必要です。

国際クルーズの入港地の市町村は地域住民の有志と市町村役場が真剣に、国際クルーズ船で入港して上陸したインバウンド観光客を対象とした対応策をしていくことが重要です。

街の魅力づくりとクルーズ会社に発信を行い、地域内でオカネを使ってもらうようにすべきです。インバウンド向けの観光振興と中心市街地活性化による魅力度アップが必要です。広域に滞在型観光と宿泊型観光の実現でインバウンドの取り組みを図ることです。コト（体験型）消費、体験型観光の海外向けに発信も重要となります。

❖開発輸入のすすめ

ある大学生から、「輸出のイメージは湧くが、地方創生の開発輸入のイメージが湧かないので、詳しく教えてほしい。」という質問がありました。

私は、次のような説明をしました。

「一般的に、輸出はお金が入り、輸入はお金が出ていく、という単純な発想を持っている人が多いようである。

本当は、輸入のほうが輸出よりも利益率も高く、高付加価値性もあり、地域は儲かる場合が多い。

地方創生の事業では、開発輸入が最適である。つまり、開発輸入とは海外から高い付加価値の８次産業の資源を輸入して、日本国内で育成して地域の特性を加味したブランドづくりをして、高価格で販売していく仕組みを作れば良いのである。」

なぜなら、イタリアに代表される世界ラグジュアリー・ブランドや衣服ブランド・メーカーの最大の輸出国でブランド市場は日本です。平均して欧米の有名ブランドの約30％が日本市場で販売されています。

それだけ、日本市場では高付加価値の商品が売れるマーケットとなっています。開発輸入の事例として、本書の第４章の「これからの地方創生と国際戦略」で、胡蝶蘭の苗の輸入・育成、ブランドづくり、販売の事業例を記載します。

❖国際戦略は海外の人脈構築による仕組みづくりがポイント

地方創生の先進市として著名な市長から、「国際商談会は、積極的に参加はしているが効果が少ないように思える。」との、相談がありました。

私は、次のような説明をしました。

「輸出で成功するための手段は、地域住民を主役として市町村が支援体制を組み、国の外部専門家人材をプロデューサーにして海外の姉妹都市の活用による人脈づくりが最適である。」

〔図表1－2〕　国際的なヒト・モノ・カネの循環(2)

・地域住民を主役に（主役を見つけて戦略パートナーに） ・国の外部人材専門家を活用 （政策づくりと実践を同時にできる外部人材を登用） ・県・市町村・国・外部専門家人材が市民を支援 ・地域住民との対話の中に地域振興のヒントあり ・付加価値資源を見つけて、出口戦略を同時に考え、出口戦略から地域振興の戦術・手段を構築する （オンリーワンの魅力づくり、地域人材育成） 魅力ある地域、GDP底上げ、雇用創出が人口拡大に

開発輸入の場合も同様です。できれば、産・官・学で仕組みづくりをして、プロデューサー、主役の市民を支援して、日本国内でも販売支援まで行うことが必要です。

産業振興では、一般に行われている海外向けの輸出商談展示会、輸入商談会では、成果・実績を上げることは難しいと思われます。

輸出商談展示会などに集まる入場者は、本当の意味での有力な実力のあるバイヤーなどの有力な参加者が少ないからです。

ここ数十年、大手商社やメーカーなどは、輸出商談展示会を、あまり開催していません。

成約件数などの実績効果も少なく、期待も少なく、非効率で開催していないのが実情です。やはり、海外の姉妹都市を活用した国際戦略の実行や海外出張による地道な人脈の構築が成功への近道です。

❖地方創生の成功要因

ある講演会で参加者から、「地方創生での成功要因は、なにが一番重要と思われるか？」との質問がありました。

私は次のようなお答えをしました。

「成功要因は、人との出会い、信頼関係の構築、人脈構築、冷静かつ熱いポジティブ思考と実行力に尽きると思われる。」

「地域振興に最も必要な要素は、想像力、創造力、実行力で、新しい事業づくりができる能力と思われる。」

「つまり、地方創生の仕事は、ＡＩ（人工知能）時代でも人間が想像力、創造力、実行力などの本来の能力を磨き上げて発揮できる有望な仕事分野である。」

▲有明海と普賢岳：上天草市

①「三方《さんぽう》よし」（売り手よし、買い手よし、世間よし）

ある大学生から、「地方創生における三方よしの意味は？　一般企業のベンチャーとの違いは？」という質問を受けました。

私は、次のように答えました。

「新規事業創出や新規ビジネスを起業する時は、対象事業内容の社会貢献度の有無・高低や、お客様にも貢献可能か、自分たちにも利益があるのかどうかを考えることが重要である。やはり、消費者視線でみて付加価値があるかどうかを考えることが大事である。その意味では、地方創生の新規事業創出も一般企業のベンチャー創出も同じである。いずれも、三方よしの事業で持続・拡大していくことが大事なのだ。」

②　現場主義、現物主義

あるコンサルタントから、「地方創生の現場主義、現物主義とは、なにか？」という質問を受けました。

私は次のような回答をしました。

「政策づくりのための政策づくりだけでなく、実践と実行により、成果・実績を出して、地域と地域住民が豊かになるように貢献することが大事である。そのためには、現場、現物の確認による政策づくりと実践が重要になる。」

「現場訪問、現物を確かめて信頼のおける方々との意見交換、情報収集などの徹底した情報収集を行い、新しい事業づくりを行うことが重要である。

また、フェイス・ツー・フェイス、ハート・ツー・ハートの活動が大事である。

新規ビジネスについては、成功が可能かどうかについて自分の足を使って現場訪問、現物を確かめて、マーケティング調査をして、成果・実績を出すことが可能と判断して開始することが大事である。人間の仕事の基本動作である。」

③　目標から逆算する発想方法の必要性

ある大学生から、「地方創生の発想方法の基本を教えてほしい。」という質問を受けました。

私は次のような説明をしました。

「目標を達成した時点の成果の状況を想定して、そこから逆算して、今の時点で何を行っていくことが最適なのかを考え抜くことが重要である。つまり、目標から逆算して、まず、今、自分の地域に何が足りず、何をすることが必要かと分析して考えるべきである。

羅列メモ書きして、１つひとつ具体的に対応策を考えて、記入して具体的に試行錯誤で実行していくと新しい事業づくりの考え方、対応方法、優先順位が見えてくる。」

④　スケジュール管理

市役所の担当職員から、「スケジュール管理の要点は何か?」と質問されました。

私は、次のような話をしました。

「目標からの逆算の仕事を行うには、スケジュール管理が大事である。そのためには、月間の活動予定の入った年間スケジュール表の作成が重要である。

地域の住民、地域内の経営者などを訪問して、最大公約数の意見とユニークな意見を吸収することで可能となる。」

つまり、スケジュール管理の伴った地域再生の目標の設定を策定しながら、実行していくことが必要です。

短期計画、中期計画、長期計画を作成して、初年度は事業を小規模で開始して、毎年、小規模なりに地方創生事業の収益を出していくことが重要です。

そして事業の継続拡大、収益の拡大を図っていくことが大事です。事業開始から3年を目途に事業で自立した収益が出るように行うべきです。

⑤　事業の戦略的なパートナーづくり

地域の主役住民の事業主体の方々から、「事業の戦略的なパートナーづくりについて教えてほしい。」と聞かれました。

私は次の説明をしました。

「事業の戦略的なパートナーづくりは、信頼関係の構築に重点を置いて行うことが最も大事である。事業の内容、商品の選定についてはターゲットを絞り、新規顧客の開拓と販路の創出による人脈づくり、仕入れ先・加工先等の客先パートナーづくりを行うことが重要である。」

⑥　率先垂範の重要性

新しい事業づくりの場合は、アドバイザー、プロデューサー、外部専門家人材が自分で模範的な成功例を明るく楽しく実行して見せることです。

主役の住民が自分でもできると自信と安心感を持ってもらうようにすることが大事です。

⑦　コミュニケーションの重要性

世の中は常に変化しています。

関係者とコミュニケーションを図り、課題を解決して変化に対応して信頼関係を構築することが重要です。

地域の中には、いろいろな考え方の人がいるので、意思疎通を図っていくためには「焦るな」、「怒るな」、「威張るな」、「腐るな」、「怠るな」、といった考え方も大切です。

口は1つ、耳は2つです。まず、相手の話を聴くことが大事です。

会話の中では自分が話すことより、まず、相手の話すことを聴くことが大事です。人は自分の話を聴いてもらって初めて他人の話を聴くものです。地域住民の話から情報を収集、分析し付加価値の資源の存在を知ることが大事です。

地方創生のストーリーづくりに対する想像力が働いてきます。

⑧ 正念場の心の通う意思疎通

地方創生の活動に限らず、人は意思疎通を図りたい時は、相手の左目をしっかりと見て話をよく聴くことが効果的です。

脳細胞の構造上、感情を司る右脳は左目に通じており、左目は生まれた時の純粋な気持ちのまま、相手の視線を感じることができるそうです。自分の左目で相手の左目を見て話を聴くとお互いの本音の気持ちが伝え合えると思われます。通常、右目は、生まれてきてから社会生活で防御しながら暮らしているので硬いガードに包まれています。左目同士のコミュニケーションが重要です。

また、何事もタイミングが大事です。日々、悠然と構え、入ってくる情報を自分の頭の中の真っ白なキャンバスに夢と構想を持って楽しく塗りあげていくことが良い仕事に繋がります。想像力の豊かな人は、地域再生に向いていると思われます。

つまり、楽しく空想しながら、いろいろな地域の付加価値の資源を磨いていくことが可能となります。また、地域が真の意味で豊かになるかが見えてくる想像力、良い意味での前向きな妄想力が必要です。

⑨　１００点満点の70点の成功見通しで実行開始

大学生から、「政策づくりをして、実践、実行を開始する時の目途について教えてほしい。」との質問がありました。私は次のように答えました。

「事業づくりの計画は１００点満点の70点を目途に事業開始をしていくべきである。あとは走りながら進捗の状況を確かめて計画を改善していけば良い。

実際に必要なことは政策づくりでなく成果の出る実践、実行の徹底である。政策づくりに2割、実行に8割という時間配分の意識が必要である。」

１００点満点の70点程度の成功の見通しが立てば、まず、実行してみることです。まず、走り出しながら事業の軌道修正を行えば良いのです。見通しの甘い点も早期に発見できて成果の出るタイミングも早くなります。

⑩　現場体験主義

地域住民から、「アドバイザー、プロデューサー、コーディネーターの実力の見分け方について教えてほしい。」という相談がありました。

私は次のような説明をしました。

「アドバイザー、プロデューサーが地方創生に取り組む場合は、現場の体験の実績が大事である。政策だけでなく、実践のできるアドバイザーかどうかは、現場体験の有無、実績、考え方などで判断できる。」

やはり、アドバイザー、プロデューサー、コーディネーターは、過去の実績と現場体験での成功を経験しているかどうかが大事です。

机上の政策づくりだけでなく、地域の中で、事業を立ち上げて、成果・実績を上げることが目的なので当然のことです。

私の場合は、かつて2年間、舞鶴市で私にとって生涯初の農業で1万平方メートルの耕作を行いました。

その結果、農業の取り組みにおいては、とにかく付加価値の高いものを取り扱うことの必要

〔図表１－３〕　舞鶴市での農業者体験

・農業者に認定
・生まれて初めての農業体験　・１万平方メートルの耕作

性に気付くことができました。

　現場体験、そして付加価値の追求がオリーブとの出会いと取り組み開始に繋がったのです。食の原点である農業への憧れ、好奇心もありました。

　日本の食料自給率がエネルギーベースで39％前後という低い水準を知り、危機感を持った次第です。農業で収益が上がるなら、そのまま農業で一生、生計を立てていこうとも思っていました。

　２年間、１万平方メートルの農業を自耕作と販売をしてわかったことは、農業者で生きていくためには、付加価値の高い農作物に絞って取り組んでいかないと農業だけの収入では生活ができないことでした。

「瓢箪から駒」の諺《ことわざ》のようなオリーブとの幸運な出会いもあり、私はオリーブという付加価値の高い果樹を探していたからです。

　農業で利益を出して儲けるためには、付加価値の大

▲京都府舞鶴市の赤れんが倉庫
ジャズ・フェスティバルも開催される

きな品種の6次産業創出（8次産業創出）が必須と思いついたことも農業を体験したおかげです。

⑪ 常識を疑うことの重要性

地方創生の関係者には、地域にコンビニを誘致することは地域の伝統文化、景観を壊すとの常識がありました。そうした中で、舞鶴市*にコンビニの初誘致をしました。舞鶴市にはコンビニが1店舗もなく、夜になると真っ暗でした。

コンビニについて観光客に調査を行ったところ、都会からの女性観光客からはコンビニがないとATMでお金の引き出しもできないし、必要品も購入できないから、気軽に観光に行けないとの声が多くありました。

地域には公衆トイレも少なくコンビニ誘致の要望を強く感じました。防犯の観点からもコンビニの「子供110番」の存在が必要です。

コンビニの外見も舞鶴の街並みにマッチするようにして、立地条件も勘案すると都会からの観光客が増加することが見込めます。

商店街全体にも街全体にも大きなプラスになると思った次第です。

一方、大手コンビニの本社に確かめたところ、舞鶴市の隣の市町村までコンビニは進出していましたが、当時は舞鶴市が北の果てのイメージで、コンビニ大手３社が横睨みをしながら出店を見合わせていました。

私はコンビニ本部長を訪問して、市役所、海上自衛隊職員が家族も含めて１万人以上居住しており可処分所得も高く、また海外貨物船の寄港も多いことを説明しました。舞鶴市内には飲食店数が６００店以上もあり、潜在的購買力が非常に大きいことを説明してコンビニ第１店目を実現しました。

右記の舞鶴市のコンビニ１号店のお店は開店直後から、東京のＡクラスのお店並みに１日・１００万円位以上の売り上げを達成して表彰を受けました。

ふつうコンビニは１日・50万円の売り上げが合格ラインです。

＊　舞鶴市は予算規模では京都府２番目の街です。京都府の北の果てで、関西唯一の国際港と海上自衛隊、海上保安庁を擁しています。
遣唐使の時代から京都の北の玄関口でした。市役所の予算規模も１０００億円規模の街です。

大都会からの女性観光客、海釣り客などからも利用が多く大好評となりました。

3年間で舞鶴市内には約30店舗が出店しました。

第1号店の誘致後に舞鶴市内の食品メーカー企業の経営者十数名をコンビニF店の京都本部に案内して、京都府内のコンビニ店舗に舞鶴のブランド商品の販売取扱いもお願いして取引を開始した次第です。

第2章

無から有を生む8次産業創出

——他の地域から付加価値資源を持ち込む

▲イタリア・シチリア島
オーガニック・オリーブ園で打ち合わせ

1 地域に付加価値資源のない場合
――オリーブ産業などを活用して出口戦略まで

❖地域住民の関心事

熊本県上天草市の初対面の市民のメインプレーヤーから、「小島さんの話は信用できる。やはり、地域住民の関心事は、地方創生をしながら、地域も住民も儲けて楽しむことだから。」という話がありました。

地方創生では、地域住民が主役です。地域住民の最大の関心事は、地域を良くしながら、対象の取り組み事業案件が儲かるかどうかです。

地域住民は地域も良くしながら、収入も増やすことができる案件には、より積極的に参加します。その意味でも、オリーブのような付加価値の高い果樹を対象にした大きな利益の出る地方創生に取り組むべきと思われます。

参考例としてオリーブによる8次産業創出について述べたいと思います。

地域に高い付加価値資源がない場合は、他の地域から高付加価値資源を持ち込んで自分の地域で育成します。一次産品を加工する時に自分の地域の特産物などの資源を複合的に掛け合わせて、自分の地域の新たな魅力あるブランド商品を確立して販路創出を行うと大きな儲けに繋がります。

この8次産業創出の「無から有を生む」発想は、観光振興、漁業振興、中心市街地活性化、国際交流でも活用できます。この発想と考え方は幅広く応用できて、新しい成果を生み出す秘訣です。

オリーブは高付加価値資源で8次産業創出の代表例としてわかりやすいので、次の事例を参考にしていただければと思います。

❖オリーブによる8次産業創出のすすめ

通常、地域の特産物を1次産業（農業、漁業、林業など）、2次産業（加工）、3次産業（販売）までを足して行う産業を6次産業と呼びます。6次産業を行う場合に自分の地域に付加価値の高い特産物がない場合、他の地域の特産物を自分の地域に持ち込むことです。

他地域の特産物を植栽、栽培、加工、地域ブランドづくり、販売して8次産業とすることができます。その場合は、加工工程で自分の地域の特産物（水や果樹や気候・風土など）の付加価値を加えてオリジナルなブランドづくりをすると効果的です。

〔図表2－1〕 8次産業創出のイメージ

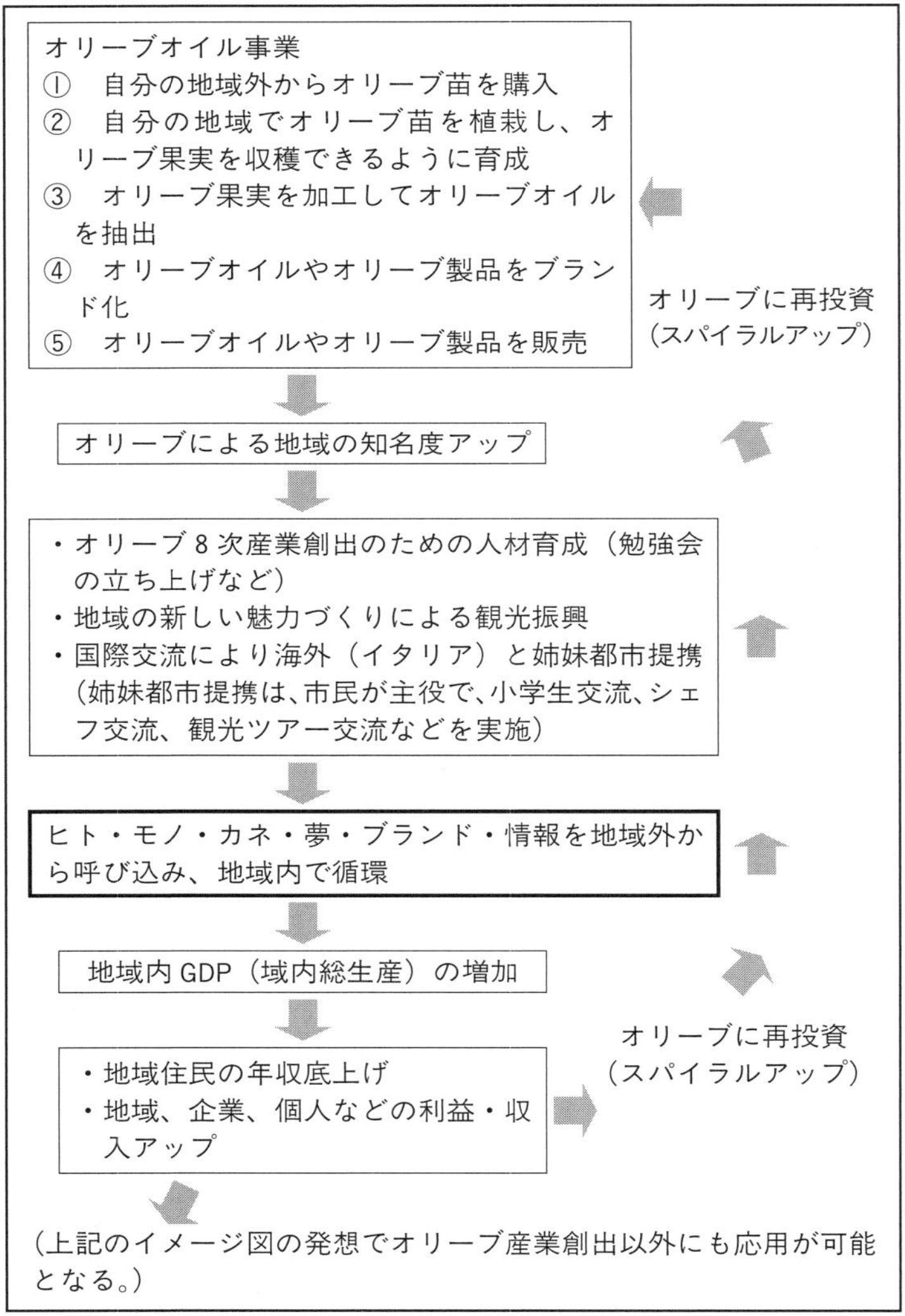
オリーブオイル事業
① 自分の地域外からオリーブ苗を購入
② 自分の地域でオリーブ苗を植栽し、オリーブ果実を収穫できるように育成
③ オリーブ果実を加工してオリーブオイルを抽出
④ オリーブオイルやオリーブ製品をブランド化
⑤ オリーブオイルやオリーブ製品を販売
オリーブに再投資（スパイラルアップ）
オリーブによる地域の知名度アップ
・オリーブ8次産業創出のための人材育成（勉強会の立ち上げなど）
・地域の新しい魅力づくりによる観光振興
・国際交流により海外（イタリア）と姉妹都市提携（姉妹都市提携は、市民が主役で、小学生交流、シェフ交流、観光ツアー交流などを実施）
ヒト・モノ・カネ・夢・ブランド・情報を地域外から呼び込み、地域内で循環
地域内GDP（域内総生産）の増加
・地域住民の年収底上げ
・地域、企業、個人などの利益・収入アップ
オリーブに再投資（スパイラルアップ）
（上記のイメージ図の発想でオリーブ産業創出以外にも応用が可能となる。）

他の地域からの特産物を自分の地域に持ち込んで栽培・育成して、自分の地域の特産物を加えて独自ブランド製品づくりをします。

２つの工程を加えることでブランド力をアップできます。６次産業に２工程がプラスになるので、６次産業と区分けして８次産業と呼ぶことが良いと考えます。

京都府の日本海沿岸の複数の地域住民から、「オリーブは小豆島のような温暖な地域でないと育たないのではないか？」と質問がありました。

▲シチリア島
オリーブの葉が繁る

私は、「日本の常識ではそうだが、イタリアの常識は違う。欧州最高峰のモンブランの麓のイタリアの最北部の街で、冬季オリンピック開催地の雪深い街でもオリーブ畑は多くある。」と答えています。むしろ、苗の選定、土づくりと水遣りなどのほうが重要なのです。

オリーブは日本では小豆島以外の地域にはなかった特産物なので、寒い地域では育成できず、産業化は難しいと誤解されているようです。まさに小豆島のオリーブは8次産業の代表的な成功例の作物と考えられます。

実は、地方創生では8次産業の発想方法が大事なのです。

自分の地域に付加価値の高い特産物がない場合、他の地域から、特産物を持ち込む8次産業の発想が有効です。

自分の地域に競争力にある商品がない場合には、無理やり競争力の乏しい商品で6次産業化を行うと販売面で失敗します。他の地域から競争力のある有望商品を自分の地域に持ち込み、新たな8次産業化を図ることが大きな成果に繋がります。

「無から有を生む」柔軟な発想を楽しむことが大事です。

❖国際的な8次産業創出
――ヒト・モノ・カネ・夢・ブランド・情報の呼び込み循環

国際的8次産業の創出が地域の外の大都会、海外から大きな富であるヒト・モノ・カネ・夢・ブランド・情報を地域に呼び込むことに繋がります。

大自然の付加価値を発掘して、磨き上げ、ブランド創出、地域外に発信、販売を行い、地域外からヒト・モノ・カネ・夢・ブランド・情報を地域に呼び込んで循環していくのです。

国際的8次産業は、グルメの振興、観光の振興、産業の振興、国際戦略の分野を垣根なく幅広く同時進行的に仕組みづくりを行うことが大事です。

出口戦略は、必ず事業開始時に同時に発想・実践することを考えましょう。出口戦略は利益を伴った売り上げで事業の継続拡大のために必要です。その意味でも、オリーブの事業を創出することは最適と思われます。

真の意味で地域ＧＤＰ（域内総生産）の底上げ、雇用創出、交流人口の拡大、定住人口の維持・拡大を実現するためには８次産業の発想が重要です。

地域の住民が主役で、市町村、商工会議所、外部専門家が地域の住民を支援することです。

地域の住民との対話に地域振興のヒントがあります。

大自然、文化、食の体験の物語づくりが必要です。

大自然の活用で、オンリーワンの魅力づくりに繋がります。

❖儲かる事業として魅力度アップ

――グルメ文化、インバウンド（訪日外国人）への対応

①　産業振興

オリーブは付加価値の高い商品です。オリーブ８次産業を行えば、大きな利益が出て参加関

係者全員の収入アップが実現できます。

この「儲かる」という要素がとても大事です。

儲からない事業は継続が難しく、地域住民も積極的には参加しません。儲かると収入が増えて、地域住民のそれぞれの夢の実現も可能となり積極的に参加することに繋がります。

オリーブは儲かる農業果樹作物という意味では筆頭格の商品と思われます。小豆島のオリーブの物販全体の売上金額は年間約100億円です。

また、オリーブはオシャレなイメージの商品でオリーブ栽培も手間がかからず、設備投資も少なくて済み、多額の資金も不要です。

オリーブ加工製品であるオリーブオイルの販売も容易で、地域住民、市町村、都道府県、国にとっても非常に魅力のある商品です。

② 観光振興

オリーブによる観光の振興は街の新しい魅力づくりにも繋がります。都会の本物志向の女性観光客、若者観光客、家族観光客なども地域に呼び込むことが可能です。

インバウンドの外国人観光客の呼び込みにも繋がります。約6000年前から欧米人の遺伝子の中にはオリーブ崇拝の意識が宿っているのです。「ノアの方舟」にハトがオリーブをくわえて陸の方向を示したことや、古代オリンピックで勝者の王冠にオリーブが飾られており、オリーブに対する敬虔の念が遺伝子の中に刷り込まれているのです。

アジアで日本がオリーブの最大の生産拠点ということになれば、外国人観光客は日本を訪問して、オリーブ産地の地域に観光客として訪れることになります。オリーブ産業づくりに成功した日本の地域には、インバウンドも含めて交流人口（観光客）の増加に繋がっていきます。

オリーブが植栽されていることを発信すれば、インバウンド客もオリーブの街として注目して訪問すると期待されるのです。

地中海料理のグルメ文化を育成すれば、観光客による地域での消費金額の倍増も夢ではありません。オリーブ関連の魅力ある仕事が増えれば、地域に移住者も増えてきて定住人口の増加にも繋がります。都会からのＩターン者、Ｕターン希望者もオシャレで楽に儲かる仕事のある地域に移住したものです。

オリーブ８次産業を確立した地域には移住をしたい希望者も増えてきて、地域の定住人口の増加にも貢献します。

③　国際交流

京都府の地域住民から、「オリーブが、どうして国際交流と関係があるのか？」と質問を受けました。

私は、「オリーブは産業創出に加えて、今後、増大する欧米との国際交流でも、観光振興にも非常に効果が大きい。」と答えています。

理由は、オリーブ産業の創出に成功した街は、欧州、米国から尊敬の的となり国内外の市民に有意義な国際交流の開始が可能となるからです。

第4章の「これからの地方創生と国際戦略」でも述べますが、これからの日本の市町村にとって海外との姉妹都市を戦略的に活用すべきと思われます。

新規の姉妹都市提携をトライする時もオリーブ産業の創出に成功した日本の市町村は、欧州の姉妹都市を選択する時も優位に進めることが可能となります。

イタリアの市町村と姉妹都市提携をして、夏休みの小学生交流も行うことも効果的です。日本の小学生は3回もイタリアの街に行って交流すれば、簡単なイタリア語は話せるようになります。

イタリア語の通訳の仕事は、英語の通訳に比べて2倍以上、通訳料も高いので、イタリア語をマスターした小学生は、一生楽しく裕福に暮らせると思われます。

❖高付加価値性と収益性

①　オリーブの植栽

オリーブについては、植栽～オリーブオイル加工～ブランドづくり～テイスティング技術～販売ノウハウまでのすべての知識の吸収が必要です。

▲シチリア・樹齢1000年以上のオリーブ
姉妹都市提携を目的に訪問

８次産業に対応するにはオリーブ植栽、育成、加工のノウハウの取得、地域ブランドづくり、販路づくりは有効です。

入門編のオリーブオイル・ジュニア・ソムリエの資格だけでなく、少なくとも上級のオリーブオイル・シニア・ソムリエ程度の知識が必要です。

オリーブ栽培の苗の選定、土づくり、オイル加工工程、オリーブオイルの特性、世界のオリーブ産地、オリーブオイル特性など、基本的な知識が必要です。オーガニック栽培にも取り組むことが必要です。オーガニック栽培を学ぶと地域でのオリーブ・ブランドづくりも奥が深くなります。オーガニック・オリーブオイルは世界のオリーブオイル生産量の0・1％以下の量しか生産されていません。価格は2倍以上となり、付加価値と商品価値はさらに高くなります。

私自身も日本各地で日本産のオリーブ苗のみ約8000本を植栽しました。輸入苗よりも、日本産のオリーブ苗のほうが日本の土壌に適しているのです。

ただ、植栽方式はイタリアで学んだオーガニック植栽方式を採用しました。オリーブは、イタリアでは5メートル間隔に植栽します。茎から横に半径約2・5メートル広がるからです。

小豆島では、1メートル間隔で植栽して、成長してから5メートル間隔のうち3本を間引きして別の場所に植えられます。ただし、間引きして他の場所に植えられたオリーブの樹には約3年間は果実がつきません。

生育後の根や葉の交差させる植え替えのことを考えると、イタリア方式の栽培方法で国産苗は間引き不要で、他場所への移植も必要がないので合理的かもしれません。

②　オリーブの収穫量

小豆島町役場や小豆島農家の一般的な収穫量の目安は次のとおりです。

１本の樹で果実を約40ｋｇ収穫して、オリーブオイルの抽出量は約４リットルです。ただ、土質、気候条件、栽培方法などで収穫量は大きく違ってきます。

私はイタリアの最北部のアオスタ、最南部のシチリアまで北部、中部、南部と何回も行ったり来たりしました。

イタリアの平均的な農家の収穫量も40ｋｇ～50ｋｇです。一番収穫量の多い農家はオリーブ１本当たり１００ｋｇ以上でした。

オリーブは中近東で６０００年前に発見され、クレタ文明時代に地中海を経て南欧州に繁殖していきました。小豆島の１００年のオリーブ植栽とは歴史的にも違うので、収穫量の差は当然だと思われます。小豆島の収穫量は世界標準と感じた次第です。

また、オリーブの樹の寿命は１０００年以上あり、歴史の年数の差を考えると欧州と日本との果実の収穫量の差は致し方ありません。

③　オリーブによる収入

京都府宮津市の公民館で市長と一緒に実施したオリーブ説明会で市民から、「農業は１反

（約1000平方メートル）当たりの収穫金額が低いので苦労している。オリーブの収穫金額はどれくらいか？」という質問がありました。

オリーブオイル・1リットルを1万円で販売すると1本の樹で40kgの果実が採取でき年間4万円／1本の樹です。小豆島の平均販売価格は2万円です。

イタリア方式で植栽すると1反（約1000平方メートル）で40本を植栽できます。1反当たり40本植栽で成木になると40本×4万円で約160万円の収入となります。そこから経費などを差し引きます。

一方、日本のコメ農家の一般的な1反当たりの収穫金額は10万円～20万円です。オリーブの付加価値の高さがわかります。

一般的な農作物の1反当たりの収入から見ればオリーブの付加価値の高さは一目瞭然です。ただ、同じ地域の中の農地によっても土質、土質改良の方法、肥料、水遣り量の違いで1本当たりのオリーブ果実の収穫量は違ってきます。小豆島の平均的なオリーブオイル販売価格は1リットル平均2万円です。オリーブオイル加工販売して1反当たり約320万円の収入となります。1ヘクタール当たりで3200万円の年間収入となります。

農業は不作の時期もあるので楽観的な事業計画は避けたほうが良いのですが、オリーブは優秀な技術力をつけて土づくりなどから細心の注意を払えば大きな設備投資なしで、安定して高収入が見込める果樹作物です。

④　小豆島のオリーブ物販の売上げ

平成24年に上天草市役所職員数人と小豆島町役場を訪問した時に、オリーブ最大手企業が約30億円の年商で、小豆島のオリーブ物販の年間販売金額は約60億円という話を聞きました。その後、地域の最大手企業の通販販売金額が約70億円に伸びており、平成29年度は少なくとも小豆島全体のオリーブ関連物販だけで約１００億円に増加していると推測されます。ただ、九州のある市町村のオリーブ６次産業の取り組みでは、大手企業の地域共生活動事業で行われたのですが、ゴルフ場の跡地の土質改良の不足で、数千本のオリーブ植樹が、上手くいかないケースもあったようです。

土づくりのノウハウ不足で、オリーブ果実の収穫年数に到達しても、予定量の数%のみしか収穫できなかった失敗例もあったと聞いています。

オリーブの新規植樹は日本の一般果樹栽培の常識では通用しない世界であり、水遣りの量も含めて、オリーブについての専門的かつ基本的な植樹、育成技術の習得、経験が必要な樹木です。

〔図表２－２〕　わが国のオリーブ輸入量の推移

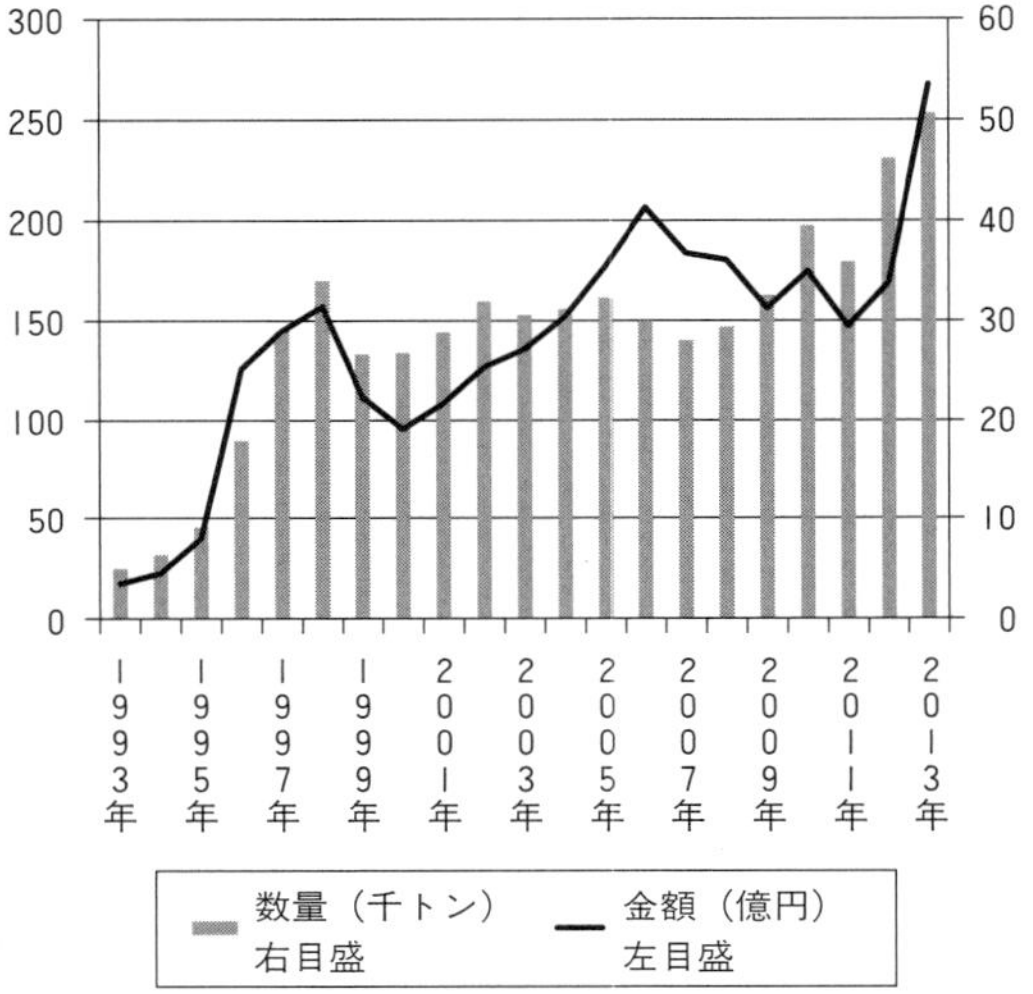

（財務省貿易統計より引用）

❖日本のオリーブ消費量

日本のオリーブオイルの輸入量は１９９３年の５１００トンから２０１３年の５万１１００トンまで21年間で約10倍に増えています（図表２-２）。

２０１６年の日本のオリーブオイル輸入数量は約５万５千トン＊です。

２０１５年の日本のオリーブ（果実）生産量は３９４・８トン＊＊ですが、オリーブ果実から搾油できるオリーブオイルは１割程度で、オリーブオイル抽出量は約40トンと推定されます。

日本のオリーブオイル生産量は輸入量からみると１％以下となっており、日本国内のオリーブオイルの消費量は大きな考え方としては、ほぼ輸入量に匹敵すると考えられています。

国内産のオリーブオイルは安心・安全・透明性の高さで販売価格は高く、１リットル当たり、約２万円で販売されており市場でも品薄の状態です。

他の食品ブランドと比較しても、オリーブオイルの国内産オリーブオイルの比率は極めて低く、今後も国内産のオリーブオイルの伸びしろが大きいと考えます。

❖各地域での独自ブランドづくりの必要性

平成28年11月、長野県議会で１時間30分の講演（「これからの地方創生と国際戦略」：知事、市町村長など参加者５３０名）を行いました。

講演後、市町村からオリーブの寒冷地栽培についての質問が多く出ました。私の感触では、地球温暖化ということもあり、日本国内の各地域の特性に応じて土づくりを行えば栽培は可能と考えています。国内のオリーブの需要量に対して生産量は１％程度しかなく、オリーブ生産が現状の１００倍程度まで増えても問題はないと思っています。

＊　横浜税関「オリーブオイルの輸入」（平成29年４月25日）より
＊＊　農林水産省「特産果樹生産動態調査」（平成27年）より

オリーブでの福井県の地方創生をライフワークとして行い、余裕があれば日本の最北端まで広域でのオリーブ指導は行っていきたいと思っています。

当面の目標は、福井県、京都府、熊本県で1万5000本のオリーブを植栽、搾油、ブランドづくり、販売支援を行い、オリーブ観光、オリーブ国際交流により各地域を豊かにすることです。地方創生を目的に日本の各地でオリーブによる街づくりのセミナーを実施していきたいと思っています。

❖日本各地での8次産業創出のすすめ
――国内生産は世界の0・001%以下で伸びしろ大

日本各地で、オリーブ8次産業を行い、各地域の特産物を掛け合わせて独自性の強いオリーブオイルのブランドづくりを進めていきます。

オリーブ8次産業創出およびオリーブ観光振興により、ヒト・モノ・カネ・夢・ブランド・情報が各地域に呼び込まれて地域も地域住民も豊かになり、雇用創出、人口の維持拡大に繋がります。

各地域にオリーブ植樹が増えて、地中海の沿岸以外で、日本が最大のオリーブ産出大国になれば、日本と日本の地域の名前が世界的に有名になり、成果・実績が確実に見込まれて豊かになっていきます。

日本の各地域がオリーブ産業の取り組みを開始したら競争相手の地域が出てきて困ると懸念されるかもしれませんが、心配はご無用です。

世界のオリーブオイルの年間の生産数量、需要量は約３００万トン台で推移しています。日本の消費量は約6万トン前後で拡大中です。日本の生産量は日本の消費量の１０００分の１以下で推移しています。

日本のオリーブの消費量は生産量に比べて１０００倍以上も多く、日本のオリーブ産地が増えても産地同士で販売競争の心配はありません。

将来は、日本酒のように、品質の良さから日本のオリーブオイルの輸出が開始されると思われます。世界の需要国から見て、日本のオリーブ生産に強い市町村が多いほど有名になり、買い付け時に大きな産地として注目され有利になるからです。

観光地の美味しい蕎麦屋さんが１軒だけの地域よりも、複数の美味しい蕎麦屋さんが集積地として集まっているほうが観光客も集まり、良い相乗効果が生まれるからです。

さらに日本全体から見れば、生産量が増えれば生産国として尊敬と注目を集めることにも繋がります。地方創生の世界でも地域が儲かる産業に注目して、点を線にし、線を面にしていく拡大志向の発想が必要です。

❖オリーブとの幸運な出会い

人間が幸福に暮らしていくには、健康が最も重要です。日常の生活の中では食品添加物、保存料を含んでいない食品を食べるのが基本です。

食の安全・安心を追求していく中で、日本食育協会の幹部の方々と親しくなりました。食育指導士が各種の食用オイルを検査すると、オリーブオイルが最も栄養価が高いことがわかりました。健康、美容さらに老化防止などにも効果が高く、オシャレな果樹植物で趣味、仕事も絡めてライフワークとして価値があることに気付きました。

地方創生事業の中でオリーブをテーマとして取り扱うことが日本人の健康力アップと地域創生において大きな成果・実績を出せると確信した次第です。

日本各地でオリーブ6次産業創出（8次産業創出）を行うことは効果が大きいのです。日本人全体の健康力アップに繫がり、日本全体と日本の各地域が欧米人から尊敬されて、地域で欧米人インバウンドの呼び込みにも繫がります。

農業の6次産業化で成果・実績を上げるためには、付加価値の高い農作物、果樹などを対象として行うことが不可欠です。ただ、日本全国の農業6次産業化は成功していないのが実態です。

従来の６次産業が成功できなかった理由は販路創出ができず、また販売面で収益を上げられず、持続拡大が難しかったからです。

舞鶴市に勤務していた2年間、私は生まれて初めての農業を経験して得た結論は、高付加価値の農作物、果樹に取り組むことが必要だということでした。

私は毎朝6時から8時までの2時間と、夕方5時半から8時半頃までの3時間の合計約5時間を自作の農業に充ててました。

米作8反、畑での野菜づくり1反、ブルーベリー果樹栽培1反の合計1町（約1万平方メートル）の農地を借りて行いました。米作は市役所の諸先輩に機械の運転を教えてもらい実行できました。

野菜1反と果樹1反は自分1人で、鍬《くわ》と鋤《すき》の道具だけの機械なしで畝《うね》づくりから行いました。春野菜、スイカを含む夏野菜、長芋などの秋野菜を鍬と鋤だけで畝づくりから始めて体力は付きましたが、米作も含めて農業の大変さと収入の少なさを実感しました。結果、2年目に舞鶴市役所農業委員会から正式に農業者として認定されましたが、農業だけで一生、生計を立てていくことは難しいと判断しました。

そこで、農業でも生計を立てることができて、地域振興にも役に立つ作物はないかと考えました。

思いついたことは、付加価値が高く、需要が供給よりも多くて売り手市場で、農産物を栽培育成、加工、製品ブランドづくり、発信、販売が容易に可能な作物を探すということでした。そしてオリーブが6次産業創出に適しているかどうかを確認するために、熊本県上天草市で、地方創生の傍ら補助金なしで、自費・自作でオリーブ300本の苗を植栽しました。市長と市役所職員も趣旨に賛同して一緒に植樹に協力して下さいました。

全国各地で取り組みましたが、オリーブは強い果樹で栽培に手間もかからず、耕作単位面積当たりの収穫高の高い果樹で収益性も高いということが実感できました。オリーブは地方創生における戦略分野の1つです。観光振興面でもオリーブは効果が高いと考えられます。

欧州人の判断基準として、オリーブに造詣の深い外国人はそれだけで文化程度が高く教養が深いと評価され尊敬される傾向が強いことが、イタリア・シチリアの市長訪問で判明しました。面談開始直後、シチリアの市長は欧州の国としか、姉妹都市提携はしないと発言されたのですが、上天草市に植樹した3500本のオリーブ園の写真と動画をお見せしたところ、市長が突然立ち上がりました。

市長は、姉妹都市提携の話を開始しようとされたほどオリーブに対する意識は高いものだったのです。

日本国内の大都会の本物志向の女性は、オリーブの美容・健康面の効能とオシャレな商品性に気づいており、オリーブに高い関心を持っています。

今後、ますます、オリーブ観光は女性観光客の注目を集めると予想されます。

高齢者の観光客の多い街は、観光客世代の多様化を図る必要があります。その点からも、オリーブ観光の振興は若者観光客、インバウンド客も含めて、高い効果が期待できます。

オリーブ８次産業の創出は、地域外から、ヒト・モノ・カネ・夢・ブランド・情報を地域に呼び込むことが可能です。国内の地域の観光振興、国際交流面においてもオリーブの取り組みは高い波及効果に繋がります。

また、日本がアジアで最大のオリーブ植栽本数および最大のオリーブオイル生産の国になれば、欧米人による日本人に対する尊敬の念は、より高くなると考えます。

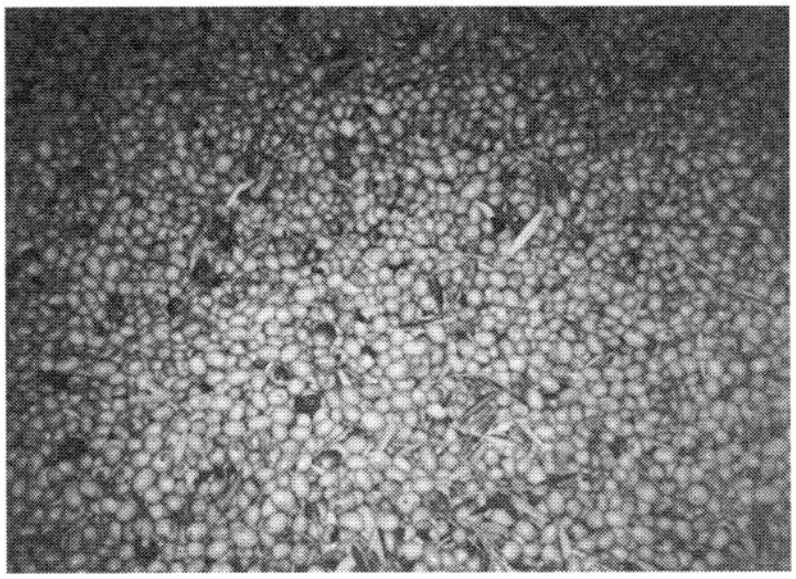

▲シチリア島
摘みたてのオリーブの実

2　オリーブについて

❖オリーブの事業例

平成23年頃から毎年、私はヨーロッパ最高峰のモンブランの見える雪深いイタリア北部から、中部、シチリアなどの南部を行ったり来たりしてオリーブ栽培技術とオリーブオイル搾油現場を勉強させていただきました。

特に、オーガニックのオリーブ栽培は非常に参考になりました。

本書は地方創生が目的ということで、日本の各地の特性に合わせて行ったオリーブ参考事例を記述します。

①　熊本県上天草市での産業創出の実践例

●上天草市長および主役市民と産業創出の取り組み開始

私は、総務省・ふるさと財団地域再生マネージャーとして、上天草市役所で市長と職員に里山を活かしたオリーブ産業創出の事業の提案、説明を実施して賛同を得て事業を開始しました。地域再生に着手後、1か月程で地中海化イメージ創出のためにオリーブ8次産業創出を開始しました。

まずは、市役所内の関連部署の幹部、職員に事業説明の後、オリーブそのものを理解して情報を共有してもらうために、すぐにオリーブ苗木300本を市民、職員と一緒に植樹しました。

平成24年5月の晴れの日に市民の意識を醸成するために川端市長、市役所職員、市民グループとオリーブ春植え300本の苗栽培をノウハウ説明の模範演技として行いました。

［上天草市でのオリーブ活動内容］
（総務省・ふるさと財団地域再生マネージャー事業）

平成24年４月	市役所	●事業内容　●スケジュール ●目的　●成果規模
	事業内容	●国際的６次産業創出 ●観光振興 ●人材育成
	事業理念の打合せ	●国際的に魅力ある街づくり ●人材育成
	関係機関に訪問	●NPO 法人　●観光協会 ●商工会
	有志の市民訪問開始	●３ヶ月で100名を目標に訪問
〃　５月	事業方策の開始	●オリーブ300本の初植栽
〃　６月	オリーブ勉強会開始	●オリーブ勉強会（緑龍会）を市役所、市民で開始
平成25年２月	国内先進地域視察	●市職員、市民と小豆島視察
〃　７月	地域おこし協力隊	●市長と専任の地域おこし協力隊を採用
〃　９月	市長が構想を発表	●市長が熊本経済でオリーブ100億円構想を
〃　10月	海外先進地視察	●イタリアに市職員、市民と視察訪問、姉妹都市締結交渉開始
平成26年11月	姉妹都市候補先視察	●シチリア訪問で姉妹都市申し入れを受け、プレスリリース
	地区の住民説明会	●市と NPO 法人のオリーブ園開設の説明会
〃　12月	オリーブ園立ち上げ	●NPO と弓ヶ浜オリーブ園を造成・開設
平成27年１月	姉妹都市提携協議会	●「地中海倶楽部」・シチリア姉妹都市提携協議会を立上げ（会長・藤川会長）
〃　７月	スローフード会開催	●弓ヶ浜オリーブ園で市民スローフード会開催
平成28年１月	オリーブオイル輸入	●市民のオリーブオイル初輸入2000本を支援

半日ほどで、山の中の農地にオリーブ300本を植えて、オリーブ産業創出の目に見える旗印の聖地の場所としました。まさに、上天草市の地で行政が初めてオリーブ苗を植えた感動の瞬間を味わった次第です。

地中海化イメージ創出という大きな目標を据えて、小さく産んで大きく育てるために300本のオリーブを植樹しました。

結果として市民のオリーブ産業創出に対する意識が一気に高まったものです。その後3年間で上天草市にオリーブ3500本が栽培されました。

●景観日本一のオリーブ園を補助金なし、手づくりで完成

観光振興、産業振興においては大きな高付加価値の作物に取り組むことが重要で、その意味でもオリーブは最適です。

高付加価値の農業、オリーブ8次産業を考えた時に、オリーブオイルは国際的に高付加価値商品で市場規模が大きく、日本でも需要が急拡大しているので理想的な商品です。

小豆島または世界最大のオリーブオイル産出国のイタリアの北部から南部までのオリーブ農家の実態をつぶさに視察すれば、オリーブ8次産業の取り組みは最適と理解できます。

地方創生においても、地域の住民を主役にして、オリーブ8次産業を開始すれば、産業創出、

観光創出、国際交流、雇用創出、人口の維持拡大の面で大きな成果が期待できます。

１市町村当たり10億円単位・１年当たりのＧＤＰ（域内総生産）の新規事業創出が可能です。日本全国の地域にも市の遊休地が眠っていると推定され、上天草市の次の事例は参考になると考えます。

●上天草市の市民の中のメインプレーヤー

オリーブ産業創出の市民の主役は上天草市のＮＰＯ法人シートラスト代表で熱血漢の嶋田昭仁さん（大洞窟の宿 湯楽亭代表取締役）です。嶋田代表からは、「オリーブの育成の手法、手間、コスト、リスク、収益性について教えてほしい。」と質問がありました。

私は、「オリーブは強い果樹で、水遣りと水遣り時に害虫の付着に注意すればよく、リスクは小さい。また、大きな設備投資は不要である。」と説明をしました。

その場で嶋田さんは賛同されて、「一緒に取り組みたい」との意思を表明されました。理由は、「小島さんが提案したオリーブ事業創出は従来の形式だけの地方創生事業と違い、地域と地域住民に大きな夢と利益が実現できる可能性が高い。」と共感されたとのことです。

地域が有名になり観光客や移住者を呼び込むことが可能な事業と直感されて、成果と結果も見えるとのことでした。

嶋田代表が日本で最も風光明媚な弓ヶ浜海岸にオリーブ公園（1万坪）を手づくりで開園する活動に、私は支援しました。

弓ヶ浜オリーブ園の敷地は上天草市が20年以上前に海岸埋立て工事を行い、登記もされずに白地（公的な未登記土地）のまま放置されていたものです。

平成25年に嶋田代表グループと有明海の美しい夕陽を眺めながら、白地を更地登録して日本一のオリーブ公園を作ろうという話で盛り上がりました。翌日、市役所に提案して、その白地を市役所名義で更地に登録して頂くことの了承を得ました。「補助金なし」でオリーブ公園を作って観光再生に活用しようと第一歩を実行したところです。

●住民説明会で区長・区民の反対意見を説得

弓ヶ浜オリーブ公園の設立に向けて大きな関門の1つとして、市役所による開催の弓ヶ浜の住民説明会を開催、説得、了承を得る必要がありました。

弓ヶ浜区長、区民の説得が最大の課題とのことでした。

区長会では、突然、「弓ヶ浜は海岸の前で波しぶきが押し寄せるのでオリーブ育成は無理だ。」との強い反対意見が区長、住民側から出されました。

3人の市役所幹部も参加しており、区長、区民からは「行政が責任を持てないなら中止してほしい。」との発言があり、一瞬、雰囲気が怪しくなり、中止の方向に傾きました。

私はオリーブ８次産業創出のアドバイザーの立場で、公平な意見として、私からは次の意見を述べて、説得、解決、推進することができました。

「弓ヶ浜よりも、もっと波が高くて荒い京都の日本海側の海岸でも、数年前から植樹したオリーブ約２０００本が順調に生育中で問題ありません。」と発言、説得して了承をいただきました。

その結果、区長会からも賛成をいただきました。具体的な事例で説得することは効果が大きいようです。

●「出る杭は打たれても」、跳ね返すことが必要

オリーブ公園を開設しようと、メインプレーヤーの嶋田昭仁さんがＮＰＯ法人シートラスト代表として街づくり補助金制度（５００万円補助制度）を申請されました。川端市長も大丈夫とされていたのですが、何故か委員会で不採択となりました。

補助金の不採択の発表後、嶋田代表は落ち込んでいました。発表の週末に市役所職員２名と同行で嶋田さんを訪問した時には嶋田代表はほんとうに元気のない状態でした。

その時の嶋田さんのお話では、街づくり補助金の不採択を聞き、あまりにも残念で悔しくて

▲NPO 法人シートラスト
事業計画書

▲上天草市
オリーブの実

▲上天草市
メインプレーヤーの決意を示す手づくりの携帯電話ケース

ご自分自身、納得できなかったようです。

嶋田さんは気持ちの持って行き場がなくて、自分自身で、自分の皮のジャンバーの生地を切り取られて皮の携帯電話ケースを作り、決意を新たにされたようです。その決意の固さを見て、思わず、私から、「私自身がオリーブ苗木３００本を嶋田さんに無償提供させていただく。補助金なしで日本一美しい景観のオリーブ公園を造ろう。」と呼びかけました。

すぐに、その場で嶋田代表の笑顔が戻り、「補助金なしで作りましょう。」と発言されました。弓ヶ浜オリーブ公園をつくることで夢が再開したのです。

その訪問の面談開始時から携帯ケースを手に強く握りしめられていました。

ようやく安心され、皮の携帯電話ケースをテーブルの上に置かれました。

そして、いつもの嶋田さんの豪快な笑顔に戻られたのです。

面談の翌日、市役所が市役所所有の白地だった土地を更地に変更手続きを開始して、議会承認を得て、ＮＰＯ法人シートラスト（嶋田昭仁代表）がその更地を借用されて実現した次第です。嶋田さんは市民のリーダーとして、補助金なしで、オリーブ公園を開園する決意をし実行されました。

●諦めないことの大事さ

結果的には嶋田昭仁代表は、上天草市内で最も景観の美しい弓ヶ浜海岸で、対岸に長崎の普賢岳の望む海岸に１万平方メートルのオリーブ園を作りあげられました。

盛り土も市民の有志の力、ＮＰＯ法人シートラスト会員の力を借りて造成、私から記念贈呈のオリーブ３００本の植樹で、費用はほとんど掛かっていません。

補助金なしで文字どおりの手づくりオリーブ園の開設に成功です。

最後まで、諦めなかったメインプレーヤーの嶋田さんの強い意志力の賜物です。

平成26年には上天草市の有志の市民・嶋田さんと、一緒に上天草市で、一番風光明媚な弓ヶ浜海岸にオリーブ公園を開園することができました。

オリーブ産業創出にはオリーブオイル料理（地中海料理）の出口戦略としてレストラン、温

▲上天草市
弓ヶ浜オリーブランドプロジェクト

泉旅館などの協力も必要です。

嶋田さん以外にも観光協会、ホテル亀屋の水野繁之社長、お土産物屋・藍のあまくさ村の藤川護章代表、地中海料理レストラン・サンはらいっぱいの渡邊美穂さん夫妻、旅館なかじま荘・女将の伊藤加代美さんの応援もいただきました。

●国の事業後も市民の主役と交流

市民の中の主役として、右の6名の方々とは現在も接触を続けてご協力をいただいております。「オリーブ園」の地鎮祭はNPO法人シートトラストの嶋田代表の主催で総務省ふるさと財団・常務理事、課長による上天草市の視察時に日程に合わせました。

また、開園式には海岸でシートトラスト・メンバー、市長、市民有志と同席で約5時間以上のスローフードのゆったりした時間を過ごしました。

お料理は、もちろん湯楽亭・オーナーシェフ嶋田代表の手づくりの地中海料理（オリーブオイル料理とイタリアワインが中心）で、大いに盛り上がりました。

総務省ふるさと財団の方々による上天草市の視察の日程に合わせてオリーブ苗木の植樹式を開催して、ふるさと財団常務にご挨拶と鍬入れ式を行って頂きました。

▲上天草市
弓ヶ浜オリーブランドから見た有明海と普賢岳

●オリーブオイルの輸入販売の開始

平成26年には上天草市の市民のメインプレーヤーの大洞窟の宿 湯楽亭代表取締役が、イタリアの姉妹都市提携の候補先のオリーブ農家からオリーブオイル輸入、販売を開始し、支援いたしました。

上天草市と姉妹都市提携の対象・候補先シチリアの市の主力オリーブ農家のオーガニックのオリーブオイルを２０００本の輸入成約支援に成功、実行開始となりました。国際的８次産業交流のスタートとなりました。

やはり、市民の中の主役の存在が不可欠です。

【上天草市のオリーブ産業の振興】
オリーブ公園予定地での地鎮祭と、オリーブ苗木の植樹式

弓ヶ浜オリーブ
公園からの眺め

オリーブ産品の開発（オリーブ生産者によるオリーブ
加工品の開発）

メインプレーヤーとの出会い

▲上天草市
メインプレーヤーによるオリーブオイルの販売開始

●市民の技術、能力の開発、啓蒙セミナー
――オリーブオイル料理教室の継続実施

上天草市内の温泉旅館、観光ホテル、レストラン等のオーナーシェフから、「上天草市を地中海料理（オリーブ料理）のメッカにできないか？」と質問がありました。

私は、「和風文化と和風料理の伝統を活かしながら、上天草市を本物志向の地中海料理の街にすれば良い。地中海料理教室を開催して学びましょう。」と提案して、市役所主催で地中海料理教室を3回開催しました。

市内のホテル、旅館、レストランのオーナーシェフを対象に地中海料理（オリーブオイル料理）の料理づくり教室を開催しました。

料理人を対象に参加費は無料にしました。約50名の参加者で前半の30分はオリーブオイル（上級ソムリエ）の基本的知識も講習しました。

結果は上天草市内の主要な和風ホテル、和風レストランなどのオーナーシェフが陣頭指揮で新鮮な海の幸でカルパッチョ料理などをメニューに入れて開始されました。上天草市の和風文化、料理を活かしながら新たに地中海料理のメニューを大幅に増やしたので観光客からも大好評となりました。

市内の各ホテル・オーナー・シェフの方々もオリーブオイルに興味を持ち始め、各ホテル温泉旅館でオリーブ料理を加えていただくようになりました。

上天草市内の最大手のお土産物屋さんの若手オーナーが海岸に数千坪規模のイタリアのリゾートレストランを彷彿させる本格的なイタリアン・レストランのリゾラテラスを開店されました。

オーナーの藤川社長はリゾラテラスの開業前の3年間にオリーブオイル教室には3回ともフル参加していました。また、地域再生マネージャー事業で市役所の主催のイタリア視察にも2回とも参加して頂いていました。

●上天草市民・市役所職員と小豆島に視察訪問

上天草市内の大手土産物屋の若手オーナーから、「日本のオリーブ先進地である小豆島に視察に行くツアーを組んでほしい。」と提案がありました。

先進地の視察、現場確認は必要であり効果的です。

上天草市民の要望で、市役所職員も同行して小豆島を視察しました。目的は現場視察、オリーブ・ブランド商品の現物確認、企業訪問、小豆島町役場との打合わせ、意見交換、情報交換などです。

上天草市の最大手のお土産物店の若手社長ほか、市民と市役所の関連部署の若手職員4名と小豆島に2回、現地訪問して、現場確認を行いました。

小豆島訪問時に、小豆島の最大のオリーブオイル販売会社で、通信販売で急拡大中の企業代表者もお会いしてお話しも聞けました。

日本でのオリーブ産業の潜在的な成長余力を理解できたことも有益でした。

小豆島産のオリーブオイルは毎年1月初めの販売開始後、約1か月で販売終了になっています。

土産物店、街の商店街、主要レストランも訪問しました。

小豆島に2軒しかないオーガニック栽培のオリーブ栽培加工・販売農家企業も訪問、意見交換、栽培現場、搾油現場の見学などを行うこともできました。

上天草市のオリーブ関係者はオリーブのオーガニック栽培に取り組みへの自信にもなり、将来のノウハウの確立に繋がりました。

オーガニック栽培のオリーブオイルは通常の慣行栽培のオリーブオイルに比べて2倍以上の単価で販売が可能です。オリーブのオーガニック生産数量は世界全体の0・1％以内しかないので、将来の有望商品となります。

●上天草市長が雑誌「熊本経済」にオリーブ関連100億円増加の構想掲載

市政は、市長の権限が大きく、市長は大統領制のような大きな権限を持っています。したがって、地方創生の事業を行う時は、必ず、市長に重要な報告をして情報を共有すべきです。

小豆島から帰った翌日に、上天草市・川端市長に帰庁報告と新規事業構想をお伝えして、オリーブ6次産業だけで約30億円の構想も提案して賛同していただきました。

現地訪問、現場確認を行い、現地の本質を理解して、上天草市でオリーブ新規産業創出は、まず、約60億円規模を目指すと提案してスタートしました。

いろいろな発想が頭を駆け巡り、新規産業創出、国際的な観光創出、国際的な地域創生事業の構想にも発想を拡大して従来の和風文化の観光とは別に上天草市の新規観光事業創出（オリーブ）30億円・年の構想も詳細を提案しました。

上天草市は中期計画を国際的6次産業創出とし、里海の事業で約10億円、里山・海岸の事業を新規のオリーブ事業創出で約30億円、国際的観光事業創出（オリーブ関連）で約60億円の合計１００億円としました。

経済雑誌「くまもと経済」10月号の表紙に上天草市長の写真が掲載されました。同誌での川端市長の発言内容は上天草市の地域産業創出でＧＤＰ（域内総生産）１００億円以上の増加（当時７００億円・１年を８００億円・１年に増加を目指すものです）を目指すと公表されました。

▲くまもと経済 平成25年10月号より：上天草市の域内総生産700億円を800億円に

②　京都府宮津市でオリーブ産業創出を開始

●公民館のプレゼンで市民の主役と遭遇

平成25年に総務省・地域力創造アドバイザーとして宮津市役所にオリーブを初めて提案した時は、皆さんから「宮津市内のこんな雪深い日本海側ではオリーブの生育は難しい。」との意見がほとんどでした。

▲宮津市由良地区
市長、メインプレーヤーとオリーブ800本を初植栽

そこで、市長の支持者のパン屋さんの代表者にお話をしたら大賛成で、すぐに、市長を説得していただき、オリーブ事業開始の段取りとなりました。

私は市長と二人で市内の公民館を回ってオリーブ説明会を開催して、オリーブ産業創出のプレゼンに奔走しました。

地域の有力者も含めて反対者が多い中、付加価値の高さと出口戦略も含めて収益実現の方法まで熱心に説明したことが功を奏したようです。

由良地区のフロンティア・スピリッツ（60歳以上の定年退職者十数人グループの方々）が反対意見を押し切って、「自分たちだけでオリーブ植樹、加工、ブランド販売を開始する。」と賛同していただきました。

フロンティア・スピリッツの方々は、「何かにチャレンジをしたかったが、チャレンジする理想的な対象が見つからなかった。オリーブの話を聞いた時に大きな夢と実現の可能性を感じた。」とのことでした。

［京都府宮津市のオリーブ産業創出］
（総務省地域力創造アドバイザー・モデル事業）

平成25年４月	宮津市に提案	宮津市と市民にオリーブ提案
〃　５月～９月	市民への提案	市長、職員と公民館でオリーブ提案
〃　10月	オリーブ初植栽	市・市民とオリーブ初植栽800本
平成26年10月	イベント開催	市内で市民とオリーブのイベント開催
平成27年４月	ワイナリーで植栽	ワイナリーなどでオリーブ500本植栽
〃　10月	Cafe オープン	由良でオリーブ Cafe オープン
平成28年９月	オリーブ搾油機設置	市役所の支援でオリーブ搾油機設置
〃　11月	オリーブ初搾油・販売	由良地区で市民による初の搾油・販売

同時に、家族の方々も大賛成で、チャレンジを決心されました。

具体的には、オリーブ初提案から2か月後に私が市長、市職員とフロンティア・スピリッツの方々と一緒に、秋植え植樹としてオリーブ８００本の国産苗の植栽を行いました。

由良川沿いにイタリア方式のオーガニック栽培で、土づくりもしながら、合計１３００本まで植樹の指導、京都府内の大学生も呼び込み、オリーブ祭を催しました。

●宮津市長のオリーブ産業200億円構想

平成25年に宮津市*の井上市長は、「オリーブ産業創出で年間GDP（域内総生産）200億円創出を目指していきたい。」という構想を打ち上げられました。これは物販だけの1本足打法でなく、オリーブ観光、国際的連携、国際的産業創出による200億円構想実現を目指すものです。

翌年春には我々は市長とフロンティア・スピリッツの方々といっしょに由良川河畔の景観に合うオリーブ農園を整備して、オリーブの本植えを実施しました。

オリーブの水遣り手入れ作業の仕事は市長と一緒に地域おこし協力隊を面接採用して、由良オリーブ（フロンティア・スピリッツの会が名称変更）の方々の指導下で、オリーブ園の現場、育成管理に従事して頂きました。また、市役所はオリーブ農園の入り口の空き家をオリーブCafe用に借り上げてCafeの立ち上げを支援し、由良オリーブCafeも完成しました。

その後、毎年秋にはフロンティア・スピリッツは家族の方々と一緒に、オリーブ・イベントを開催して、オリーブ農園で音楽祭も実施しました。

オリーブ・ブランド商品、オリーブ茶、オリーブおにぎり、オリーブの実の浅漬けなども加工して販売され、売れ行きも好調でした。宮津市民以外にも近隣の市民、近隣の市町村職員、京都府庁職員、京都市内の大学生ゼミ・グループなどもオリーブの魅力に引き寄せられて参加しています。宮津市内ワイナリーにオリーブ１００本の植樹もしました。

●初しぼりで１３００本のオリーブオイル製品づくり

平成27年に白い花が咲き、実が付きだしました。宮津市長は、同年９月議会で補正予算を組んでオリーブオイル搾油機２台を発注し、平成28年に設置しました。

植樹後の３年目、平成28年秋に初絞りして１３００本のオリーブオイル・ビン詰めをして１リットル当たり２万円以上の価格で「由良オリーブ祭り」でも販売しました。

やはり、付加価値が高く、商品金額も高く、販売が容易な商品に的を絞ることが成功の秘訣となります。売り上げに伴って大きな利益が出るので、関係者の全員が儲かります。儲かると市内の他の市民の方々も同様にオリーブ８次産業を開始されることに繋がります。

＊　京都府宮津市は、京都府北部の観光都市で、日本三景の天橋立で有名な街です。神社も眞名井神社、元伊勢籠神社など、古代、高貴な方々が京都の御所から伊勢神宮、出雲大社を回られて、天橋立の眞名井神社の湧き水を飲まれて御所に戻られたという言い伝えがあります。現在は日本海側の寒冷地で産業の乏しい街です。オリーブ産業創出が宮津市の街の産業振興、観光振興の起爆剤になったようです。

地域に魅力ある仕事、雇用が確保されて新規の地域おこし協力隊員も応募してきて2名採用しています。

大都会からのIターン者、Uターン者の問い合わせも増え出しました。

オリーブオイル商品化

宮津で栽培3年目、きょう「祭」で初販売

販路拡大、活性化へ着々

リポート

現場をゆく

宮津市が新たな特産化を目指すオリーブの栽培が、今年で3年目を迎えた。由良地区を中心に畑が徐々に広がっており、今秋、主力の加工品となるオリーブオイルの商品化にこぎつけた。23日のイベント「由良オリーブ祭」で初めて販売する。（関野有里香）

市によると、国内で販売されるオリーブオイルのうち、国産はわずか0・03～0・05%。市は2013年度、オリーブオイルの国内自給率が低く今後の需要が見込まれるとして、オリーブの栽培事業に着手。由良地区の農家らでつくる「由良オリーブを育てる会」が14年春、栽培を始めた。

由良は江戸時代から続くミカン産地。会のメンバーも半数がミカン農家だが、高齢化や後継者不足の問題を抱えている。ミカンも育てる山下良一さん(68)は「栽培はオリーブの方が手間がかからない。両方続けていきたい」と期待をかける。消毒や摘果が大変なミカンに比べ、オリーブは肥料が少量で済み、実が苦いので獣害の心配も少ない。また、オリーブ畑の拡大は、耕作放棄地の解消や景観改善にもつながる。

地中海沿岸を原産とし、日当たりと温暖な気候を好むオリーブ。寒冷な宮津では、生育不良や冬の雪害が懸念されていたが、今年の市内の栽培本数は1035本と、初年度の417本から増え、順調に生育している。由良のほか、海抜が低く比較的雪の少ない府中、日置、養老地区でも育っている。

国内一のオリーブ生産量を誇る香川県の小豆島のほか、大分や熊本県など九州でも栽培が普及している。宮津は後発地だ。

ライバル産地との差別化を図ろうと、市は3月、オリーブオイルソムリエの養成などに取り組む日伊文化交流協会（イタリア・トスカーナ州）と連携協定を結んだ。苗木の輸入手配や栽培体制についてアドバイスを受け、本場の品質を目指している。

育てる会は今月14日、収穫した実で初めて約65㌔のオリーブオイルを搾った。500㌔の搾油を見込んでおり、23日の「由良オリーブ祭」で販売する。すでに近隣のワイナリーや個人客からも注文が入っている。

搾油後の残りかすは、「オリーブ豚」や「オリーブ牛」の飼料になるため、畜産農家から問い合わせがあり、海洋高でも養殖魚のエサとして活用できないか検討中という。

育てる会の藤木徳雄会長(66)は「販路は心配ない。オリーブは面白い」と前を向く。地域活性化をかけた挑戦は続く。

オリーブ畑で実を収穫する「由良オリーブを育てる会」のメンバーたち

商品化に向けてデザインしたオリーブオイルの瓶

▲京都府宮津市
栽培3年目でオリーブオイルを商品化
京都新聞社提供

③　福井県大野市の産業創出

●白山の見える寒冷地でのオリーブ産業づくり

平成30年１月大寒に大野市*のジュエリーニシモリの西森善恵代表から、「先週、大野市で摂氏マイナス10度でも、オリーブの葉は凍ったが大丈夫だった。32年振りの大雪でも枝折れもせずに無事だった。」と興奮されていました。

大野市は福井県内で最大面積の街で、白山の伏流水に恵まれた大盆地で寒冷地の街です。

大野市においてオリーブ植樹３００本を行い、大雪の中、２度の冬越えに成功しました。

大野市でオリーブ産業を開始した経緯としては、平成27年８月に大野市に経済産業省・タウンマネージャーに初着任した時に、大野商工会議所・稲山会頭と大野市長、部長にご挨拶に行き、オリーブの話題を出しました。

「白山の伏流水と発酵文化の街におけるオリーブの街の提案は付加価値が高いので、ぜひ、推

＊　福井県大野市は、福井県東部に位置して岐阜県と接する日本海側と太平洋側との分水嶺を有する大野の街です。白山の麓の九頭龍川の原水で有名な美しい街です。小京都の石畳の街並みは日本有数の美しさです。良縁の樹の春日神社と、白山が背景に見える「天空の城」で有名な街です。大野は発酵文化と和食の美味しさで有名な街です。新鮮な素材を活かして世界遺産料理の２大料理である日本料理（和食）と地中海料理（オリーブオイル料理）の街を目指しています。

［福井県大野市のオリーブ事業］
（経済産業省 タウンマネージャー事業）

平成27年8月	市内で初提案	大野商工会議所会頭、市長、市の部長に提案
〃 11月	オリーブ初植樹	大野市内で100本開始（実証実験）
		ワイナリーでも（植樹の実証実験）
平成28年11月	オリーブの観光振興	主要商店街で鉢植え開始
平成29年3月	地区長会でプレゼン実施	さかだに区長会でオリーブのプレゼン実施
〃 10月	農協にプレゼン実施	農協組合長、幹部に提案（市、商工会議所）
〃 12月	市の補助制度活用開始	一村逸品園芸チャレンジ・ファンドの活用
〃 12月	オリーブ本植え開始	市内各所で開始（ワイナリーでも実証実験）
〃 12月	先進地の視察	市、商工会議所、農協、勉強会で視察実施
〃 12月	勉強会で取り組み開始	ダイヤモンド塾共通の夢で80本植栽決定
平成30年1月	30年の農協の計画書に	付加価値の高い鳥獣被害対策の作物として
〃 1月	オリーブ計画の立案	ダイヤモンド塾を中心として積極拡大で

進すべきだ。」と絶賛されました。ただ、大野市は豪雪地であり試験的オリーブ植栽が必要と意見がでました。

商工会議所、市役所、市内の有志の農業者、ワイナリー、市民の皆さんのご協力で大野市内の各所に合計３００本を試験植栽して実施しました。

その結果、雪の被害はなくマイナス10度以下で2回の冬越えに成功しています。

▲福井県大野市
大盆地の雪景色

「案ずるより産むが易《やす》し」の諺どおりで、世の中は前向きに適正な知識と技術で行えば、次の展開への道は広がるものです。

オリーブ８次産業創出、ブランドづくり、商店街の店頭、レストラン、カフェ店頭にオリーブの鉢植え並木を並べてオリーブ料理による観光創出、国際交流などを実行しました。大野市をオリーブのメッカ、小豆島に続くオリーブの街にしたいと思っております。

日本の６次産業の最大の成功例は小豆島の１００年間のオリーブの歴史であり、トータル的なオリーブ産業の最大の成功例を福井県大野市にしたいと考えております。

▲大野市
商店街のオリーブに果実が一杯

●中心市街地にもオリーブを植栽

平成28年に大野の中心市街地の主要3商店街の理事長にはオリーブの街の推進計画に賛成をして頂き、商店街に大きなオリーブ鉢植えを購入して商店街の街並みに並べてもらいました。

美しい小京都の街並みの商店街通りには緑の樹がありませんでした。和風の街並みにオリーブ樹と葉の深い緑色が映えて果実も付き、オリーブ植樹は観光客からも「オリーブは、おもてなしの癒しがある。」と大好評です。福井新聞、日刊県民福井の新聞記事に写真入りで大きく掲載されました。エジソン・カフェのオリーブ鉢植えも白い花と実が付いて話題となりました。

また、日本農業新聞・大阪支社からも、編集担当者が大野商工会議所のオリーブ産業創出の取材に来て掲載されました。

良縁の樹で有名な「春日神社」の境内にも、宮司さんにオリーブの植樹を許可していただきました。宮司さんと御母堂の積極的なご協力に感謝しています。

ジュエリーニシモリ・西森代表は手づくり工房で、春日神社の良縁の樹で作ったケヤキと杉の樹の材料で手づくりの「ペン立て」と「名刺入れ」に「オリーブのまち・福井県大野市」と文字入りのお土産物グッズも作られました。

「スターランドさかだに」、六呂師高原のオリーブ栽培は、区長会の会長からの要請で平成29年4月の区長会総会で18区長、議員の前でオリーブ8次産業化のプレゼンを行いました。

農協からも、「スターランドさかだに」周辺と六呂師高原はイタリアの丘陵地に似ており、8次産業創出とオリーブ観光の拠点になることも期待できると評価されています。

また、ＪＡ・テラル越前農協・組合長は、鳥獣被害が少なく、育成に手間が掛からないことなどを聞かれて、前向きにご賛同を頂き、同農協の２０１８年度アクティブ・プランの鳥獣被害対策品目としてオリーブが抜擢されました。

中山間地域を中心にオリーブ植樹をトライしたいとのことです。

オリーブのご縁で、大野商工会議所とのＪＡ・テラル越前農協との農商工連携の開始に繋が

オリーブ特産化へ
福井県大野市 油搾り観光の売りに

▲大野市
商工会議所会頭とオリーブ産業創出
日本農業新聞提供

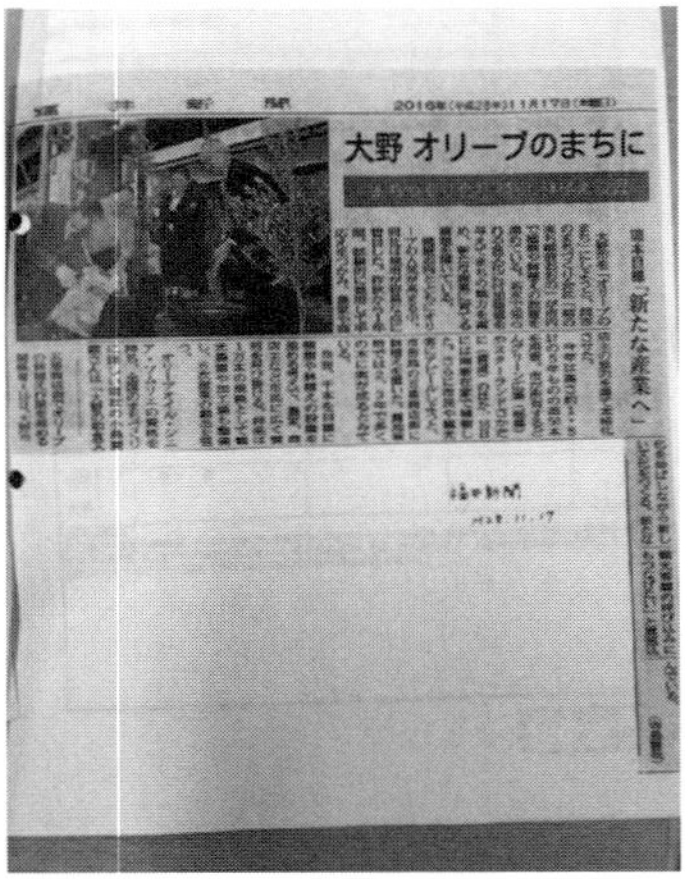

大野 オリーブのまちに

▲大野市
商店街でオリーブ並木
福井新聞提供

りそうです*。

④ 福井市で日本初のオリーブの防砂林・防風林の植栽支援

平成29年春、オリーブによる福井市白方地区の活性化に防風林、並木道の構想を部長、次長とも協議して約３００本のオリーブを植樹しました。

経緯としては、以前から福井市にオリーブ植樹を提案しており、市役所から、「越前海岸の防風林の松が枯れてきたが、海岸の畑の深い砂地でも、ご提案のオリーブの防風林は大丈夫か？」と質問がありました。

私は、「植樹予定地の現場視察をしたが問題はない。むしろ、オリーブの樹は防風林にも適している。」と答えました。

平成29年に福井市役所は、総務省・地域力創造アドバイザーの立場で海岸近くの白方地区の砂浜農地に日本初のオリーブの防風林としてオリーブ苗樹３００本植栽を実施しました。平成30年度は７５０本の予算付けがされています。

平成23年に福井市役所で１時間30分の講演を行い、それ以来、市長、部長、次長とも懇意にしていただき、日本初のオリーブ防風林の計画が実現した次第です。

白方地区周辺の８地区の畑の遊休地が１００ヘクタール程あり、砂地でもあり、オリーブの生育には適していると実証されてオリーブ植栽を始めたいとする農業者も出てきています。鷹巣、国見地区ではオリーブ観光も見込めます。

福井市のオリーブ産業は市長、農林水産部長、次長、商工労働部、企画関係部署で横断的なプロジェクトチームで観光振興、グルメ戦略、国際交流まで進行中です。

＊　今後の大野の観光の課題は広域型観光、宿泊型観光、インバウンド誘致を推進することであり、大型ホテル誘致（リゾートホテルも含め）に注力することが重要です。

平成33年に福井駅開通予定の北陸新幹線効果も期待できて都会からの観光客、インバウンドも呼び込め、永平寺も近く、滞在型、宿泊地型観光地として、１人当たりの観光客の消費金額も増やせて、周辺地域の観光中心地になれる可能性が大きいからです。オリーブのまち構想が付加価値資源を開花させるきっかけになります。姉妹都市提携はモンブランの麓のイタリアの街が最適と思われます。

▲福井市
日本初の防風林・防砂林300本植栽
福井新聞提供

オリーブ観光創出という意味では、イタリアとの姉妹都市提携が必須です。オリーブ観光地としてのお墨付きになるからです。

ブランド創出、欧州・米国などからのインバウンド客の呼び込みにはイタリアとの姉妹都市提携が効果的です。

産業創出、地中海料理（イタリア料理）、観光創出、イタリアとの国際交流を行い、越前海岸の海の見える場所でのオリーブ園づくり、イベント実施、スローライフ、スローフード、滞在型リゾートの実現も見込めます。

●広域連携でオリーブ産業の展開

京都府舞鶴市でも果樹園の遊休地にオリーブ５００本の植樹に成功しました。京都に近い福井県嶺南の市町村からも地方活性化で問い合わせが来ています。

［福井市でのオリーブ事業創出］
（総務省地域力創造アドバイザー事業）

平成23年９月	福井市役所でセミナーを開催	福祉役所職員研修セミナー講師
平成27年４月	福井市にオリーブ取り組み提案	８次産業として提案
平成29年４月	福井市とオリーブの取り組み開始	８次産業、観光振興、国際交流
〃　６月	日本初のオリーブ防風林を植栽	福井市の越前海岸白方地区で防風林130本植栽実施
〃　６月	福井市役所でプロジェクトチーム（オリーブの総合政策立案のため）	市役所内でプロジェクトチーム（組織の横断的なチーム開始）
〃　７月	日本初のオリーブ防砂林を植栽	白方地区で120本の植栽実施
〃　７月	白方地区で勉強会の開催実施	白方地区での地域住民によるオリーブ協議会に向けての勉強会
〃　11月	海の見える地区での実証実験開始	白方地区で実証実験開始
平成30年１月	海の見えるスローフード構想開始	現地、現場の見学で構想開始

福井県の武生《たけふ》森林組合もオリーブの収益性の高さ、環境保全の良さも評価して、植樹の実証実験を開始しました。

私自身は、京都府と福井県各市町村が各地域の特徴を生かしたオリーブ産業の連携展開を推進されれば、各地域の大きな繁栄・発展に繋がるものと思っています。

❖オリーブの基礎知識
――オリーブオイルは黄金の液体

① 特 性

ある市役所職員と市民から、「もっと、オリーブのことを学びたい。歴史と特性についても教えてほしい。」と話がありました。

オリーブは約6000年前に中近東でメソポタミア文明の地を発祥地として、約2500年前のクレタ文明の時に地中海を経て南欧州の地中海の海岸沿いに繁殖・拡大している強い果樹です。古代オリンピックの王冠にもオリーブが活用されており、ノアの方舟にハトが陸地の方向を示すためにくわえてきた葉でありました。

オリーブは、名誉、健康、美、幸運、食料の象徴として欧州人の遺伝子に刷り込まれています。

樹齢は１０００年以上で、長寿の象徴でもあります。

オリーブの植栽本数は多さではスペイン、イタリア、ギリシャの順番ですが、オリーブオイルの加工生産数ではイタリア、スペイン、ギリシャの順番となっています。

品種は５０００種以上あり、イタリアの最北部の冬期オリンピック開催地のアオスタ、最南部のシチリアでも植栽は可能でオリーブ農園が多くあります。

▲自宅のオリーブの樹
オリーブの白い花が満開

適切な土づくりと品種選択を行えば、摂氏零下15度以上であれば大丈夫です。高温の砂漠地帯でも栽培は可能で、非常に強い果樹です。

福井県最寒冷地の大野市でも、行政の3年間の実証実験でオリーブ苗木３００本の試験植樹も、雪の中２年間、冬越えに成功しています。

ブドウ栽培のような交配の手間もかからず、ワイナリーのような高額な加工設備投資も不要です。

苗の選定に誤りがなければ、オリーブを眺めて楽しみながら、土づくり、水遣りと害虫のチェックだけをすれば良いので、手間も大きな費用も掛かりません。苗の選定は、国産の苗を選定することが成功するポイントです。

② 効　用

欧州人にとっては、オリーブは健康食品、美容、栄養補給源で生活必需品でもあり、地域の観光振興のシンボルでもあります。

今でも南欧では赤ん坊の離乳食として哺乳瓶でオリーブオイルを飲ませています。また、アレルギー体質の女性の化粧品、化粧落とし等のクレンジング・オイルとしても活用されています。

心筋梗塞、脳梗塞、ガン、糖尿病の予防、コレステロール酸化物による動脈硬化にも効果があります。アンチエイジング（老化防止）にも効果的で、オリーブオイルに多く含まれているオレオカンタールがアルツハイマー病の治療予防に有効とされています。

オリーブオイルは、付加価値の高さ、副作用のなさ、賞味期間の長さでも優れた特性があります。イタリアや南欧の人々にはオリーブは遺伝子に刷り込まれているようです。

国際交流面でも初対面のイタリアの市長でも日本人がオリーブ畑を所有している写真、動画を見せただけで、尊敬の念で友人扱いをされるほどです。

③　日本のオリーブ状況

日本におけるオリーブの植樹・栽培の歴史は、１９００年頃に明治政府が日露戦争の開戦の4年前にイワシのオイルサーディン用の油の自給確保の目的で植栽が開始されました。

小豆島、鹿児島、三重県で試験栽培したことが日本でのオリーブ栽培開始の歴史です。現在、小豆島では約5万本のオリーブ樹が栽培されています。

小豆島以外では平成22年頃から全国で約1万５０００本のオリーブ栽培が開始されています。基本的には小豆島以外でも日本の各地域はオリーブ栽培に適していると考えられます。

イタリア最北部の冬季オリンピック・スキー場でもオリーブ園で栽培されています。気候に関係なく、日本の温暖地では苗の選定、土づくりの知識がなくて失敗している地域もあります。私自身は日本各地で、合計約８０００本のオリーブ植樹を行っています。

私は日本各地で零下15度位の寒冷地も含めて植樹に成功しており、春には白い花がラズベリー風の香りを漂わせ、秋には綺麗な果実を付けています。

小豆島町内のオリーブ関連商品の物販の金額は1年間・約１００億円です。

特にオリーブオイルの人気は高く、毎年1月1日に新年物のオリーブオイルを販売開始して、約１か月で、販売完了という状況です。

④ ブランドづくり

イタリア最北部から最南部まで視察旅行して驚いたことは、赤ちゃんの離乳食として哺乳瓶にオリーブオイルを入れて飲ませていることです。

オリーブオイルが最高の健康食品といわれる理由です。

●オリーブオイル

オリーブオイル果実を収穫後1日以内に搾油加工したオリーブオイルを「エキストラバージン・オリーブオイル」（酸度0・8％以下）といいます。

「エキストラバージン・オリーブオイル」は、オリーブオイル本来のフルーティーな味わいです。30秒ほど、口の中で舌の上で転がすと、途中から黒コショウのような苦みも感じられる本格的なオリーブオイルとなります。

世界最大のオリーブオイル生産地のイタリアなどでは、エキストラバージン・オリーブオイルは店頭価格で、250cc・2000円以下では販売されていない商品なのです。

日本のオリーブオイル需要は、2010年頃から消費が急拡大中です。今後も本物志向のオリーブオイルが求められる傾向にあり、日本国内産オリーブオイルが、ますます品薄になる傾向にあります。日本のオリーブオイルの国内生産は160トン前後で世界の0・01％以下で生産は増えていません。

それに対して、日本のオリーブオイルの需要は世界の約4%～5%で、過去10年で2倍以上となっており、今後も日本の国内需要は拡大見通しです。

前にも述べましたが、日本国内産のオリーブオイルは、毎年1月1日に新年物が販売開始されて、1月末には販売完了となります。残りの11か月は輸入オリーブオイルに頼っているのが現状です。

したがって、オリーブオイルは、日本の各地の地域で生産が開始されても、供給が過剰になる心配はない状況です。むしろ、日本国内産オリーブオイルは安心・安全で透明性も高く、品薄で儲かるので積極的に取り組むべき商品です。

▲イタリアのオリーブ農家
オリーブオイルの製造

●フレージング・オリーブオイル

オリーブオイルに他の農産物のレモンなどを混ぜ込んで加工して製造されたオリーブオイルです。イタリア、スペインでは一般的に販売されているオリーブオイルです。

レモン以外にも、ゆず等のかんきつ類、トウガラシ、ハーブ、茶、梅など地域の特産品を混ぜ込んで加工すれば、面白いブランド商品づくりが楽しめます。

●オリーブオイルの化粧品・美容液

オリーブオイルはアレルギー体質の女性のクレンジング・オイルとしても重宝がられています。化粧瓶１００ｃｃで１瓶・３０００円のブランド商品です。

●オリーブの実の浅漬け

苛性ソーダで10時間程渋抜きして、２～３％の塩水に３日漬けして、７日間、水に浸して完成です。

●オリーブ観光園とオリーブ並木道

オリーブ観光園とオリーブ並木道は観光のシンボルになります。

私の夢は、「日本の各地でオリーブ園主になり、大自然の中で気の合う仲間とスローライフとスローフードを楽しむこと。」です。

3　地域に高付加価値資源がある場合
――ナマコは海の黒いダイヤ、ナマコの６次産業創出

❖地域における６次産業創出について
――海の黒いダイヤのナマコで地域を豊かに

地域の６次産業は、取り組み対象の農水産物を付加価値の高いものに絞り込むことが成果に繋がります。最初に出口戦略が可能な事業かどうかを見極めることが課題です。

日本全国のほとんどの６次産業創出が失敗する原因は事業開始前に出口戦略（実績・成果を出す戦略）の見通しを立てずにスタートしていることが多いからです。

どんなに生産と加工を上手く行っても出口戦略ができていないと、販売して収益に繋がらず再生産が不可能で、事業の持続が難しくなります。

販売して収益が上がらないと次の生産、加工、販売のサイクルを続けて行うこともできないのです。

６次産業は、生産者、加工業者、販売業者など関係者のすべてに十分な利益が出ないと上手

くいきません。

6次産業は、加工の点では大きな設備投資の不要なことが大事です。農業で言えば、1000平方メートル当たり・100万円以上・1年間の収益の上がる品目を選択すべきです。漁業であれば、1人当たり・500万円以上・1年間の収益確保が可能な魚種に絞り込むべきです。

そして、地域ブランドを確立して、収益の出る販売価格と販売量の確保が必須です。最初に地域で模範生の農水産業者の1人を成功に導くことです。

他の農水産業者に、安心と自信を持ってもらい、その農水産物業者の商品に対して、次々と6次産業にチャレンジしやすい雰囲気を醸成することが必要です。

6次産業創出のプロデューサーが政策づくりのみならず、模範的に販路創出、販売支援セミナー、勉強会を開催、現場で率先垂範することが大事です。

これから述べるのは、私がナマコ産業の付加価値の大きさを地域に紹介して、産・官・学の連携で実施した事例です。

京都大学、舞鶴市、京都府、漁業者、漁協、大連市、大連水産学院、大連市の漁業者、販売業者、上天草市、宮津市、福井県栽培漁業センター、福井市で日本初のナマコ国際6次産業創出を政策づくりを実施しました。

▲世界一のナマコ・ブランド都市　大連市
百貨店の乾燥ナマコ売場

❖ナマコ産業を提案した理由

ナマコ産業の提案理由は付加価値がとても高く、６次産業化を図れば参加の関係者全員の年収が増えて豊かになり、地域の行政にも税収が増えるからです。

ナマコは、「海の黒いダイヤ」と呼ばれるほど高付加価値の商品です。

世界最大のナマコのブランド都市は中国・大連市です。

６０００年以上前から中国では皇帝はツバメの巣とナマコを不老長寿の基とする慣習があり、古来、富裕層はステータス・シンボルとして、毎朝、１人・１個のナマコをスープに入れて食べる習慣でした。

今でも富裕層は、毎朝１人、１匹をスープに入れて食べる習慣があります。

付加価値が高い商品は、取扱い関係者が全員、儲かって大きな利益を得ることができるからです。

〔図表2-3〕 大連市の地図と同市の養殖ナマコの生産量

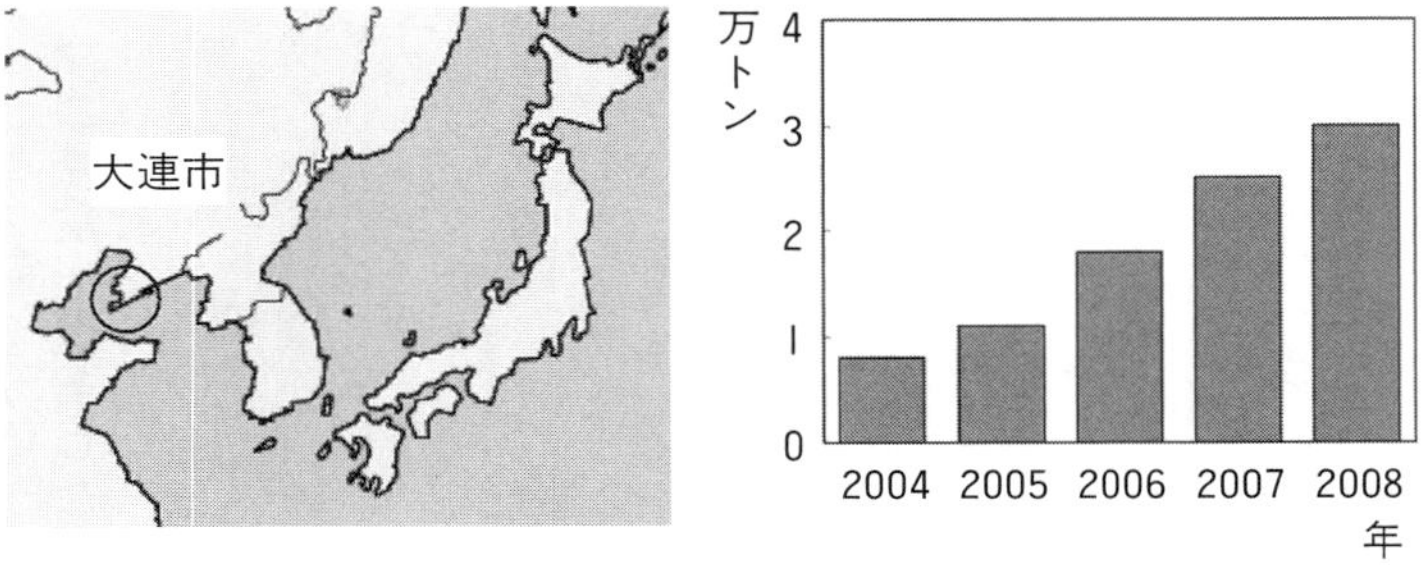

出所：大連海洋漁業振興局

平成21年頃のナマコの世界需要は約1兆円で、供給は約6000億円規模の業界でした（大連市役所、大連大学、関連大手企業などでの調査）。

現在は当時よりも中国人富裕層が5倍以上増えており、需要も拡大中であり、供給は横ばいで健康に必需品でもあり需給タイト感により価格も上昇中です。

乾燥ナマコ1kgの店頭価格は30万円という高い付加価値商品です。

私が大連市に駐在していた時、家内工業のナマコ養殖業者の年収が日本円で約3億円以上あり、医者よりも金持ちでした。実際、知り合いのナマコ業者は海外旅行三昧でした。

日本の各地域は中国・大連市と気候条件は近く、天然ナマコが生息しており乾燥加工して中国に輸出販売すれば地域全体が潤います。

❖乾燥ナマコの付加価値の大きさ

１年間でナマコ20万匹の人工種苗で交配・育成する場合の収益計算は次のとおりです。原料ナマコを１kg・１匹とした場合、水分率97％のナマコを乾燥して乾燥ナマコを１kg当たり10万円で販売時の売上金額です。

左記の計算式で６億円の売り上げ創出が可能です。

（30万匹×１kg・１匹×０・０３（水分率97％）×10万円＝９億円）

乾燥ナマコなので常温での保存は可能で、賞味期限も比較的長くなっています。需要は１兆円以上で、供給が約６０００億円くらいしかなく、乾燥ナマコは作れば作るほど売れる商品で販売に苦労することはありません。

❖ナマコ６次産業化の成功ノウハウ

春先に屋内でナマコの人工種苗交配を行い、秋に稚ナマコ（約３cm長）を湾内放流して養殖をすれば２年ほどで親ナマコに成長します。ナマコを乾燥ナマコに加工します。１週間ほどの天日乾燥も可能で、また機械乾燥も可能です。

中国への乾燥ナマコの輸出価格・１キロ当たり６万円～15万円で販売可能です。

ポイントとネックは乾燥ナマコの原料であるナマコの確保と入手です。

人工種苗育成、養殖でできるだけ多くのナマコを入手して乾燥ナマコの技術を習得、確立することです。

また、私自身は、理想として人工種苗交配、育成の後、稚ナマコを陸上養殖により親ナマコを育成することが、一番、養殖の効率も高く、最大の利益を生むと考えています。

日本における陸上養殖の開始が待たれるところです。日本の各地域にナマコの億万長者が多く誕生していただきたいものです。中国では大連市だけで1000人以上のナマコ陸上養殖の億万長者がいます。

ナマコの陸上養殖は、密漁防止にも効果的です。日本での陸上養殖は、まだ行われていない状況です。

機会があれば将来、私自身も行政とタイアップしてナマコの陸上養殖をトライしてみたいと考えています。

❖里海におけるナマコの国際的6次産業創出

① 舞鶴市では水産業の国際的6次産業創出支援として、ナマコ産業創出、ナマコ・ビジネス創出のデモンストレーションを行いました。

舞鶴市民の漁業者を主役として、舞鶴市役所、総務省、京都大学・舞鶴水産試験場、漁協、京都府、京都府海洋センター、そして私も支援をしました。

私は舞鶴市に出向・常駐をする直前の3年間は中国・大連市に駐在していて、会社の現地人の社員の叔父さんがナマコの種苗育成・陸上養殖業者でした。ナマコ養殖の叔父さんは現地の医者よりも裕福な暮らしをしていたので、興味を持ち、よく訪問して親しくなりました。

何回も訪問していたので、私のナマコ知識は専門業者並みになっていました。

ナマコの世界の年間需要は日本円で年間約1兆円以上の規模があります。それに対して年間供給は約６０００億円程度しかなく、単価や付加価値も高く、取扱い業者にとって利幅の大きな商品で、とても魅力ある商品です。

中国屈指の水産都市・大連市における水産業の売上げは年間６０００億円程度ですが、その内のナマコ産業の売上げは約５０００億円を占めます。

上記の売上げ数字は5年間の舞鶴市の産・官・学の大連訪問で大連市政府、大連水産大学、大連のナマコ大手企業からのヒアリング数字で、正確と推測されます。

中国・大連市に家内工業的なナマコ養殖業者が約１０００社あり、各企業経営者の年収は１人当たり・2〜3億円以上（日本円）です。

〔図表２－４〕　ナマコの６次産業創出のイメージ

１．春に自分の地域の海の中にいる親ナマコを採取して、大学の水産試験場や栽培漁業センターで交配させる。

２．春に交配で生まれたナマコ種苗を水産試験場などで秋まで育成して、３センチの体長の稚ナマコにする。

３．秋に、稚ナマコを湾内に放流して、養殖する。

４．２年ほどかけて、親ナマコに成長させて採取する。

５．採取した親ナマコを乾燥加工して、乾燥ナマコの製品にする。

６．乾燥ナマコのブランドづくりをする。

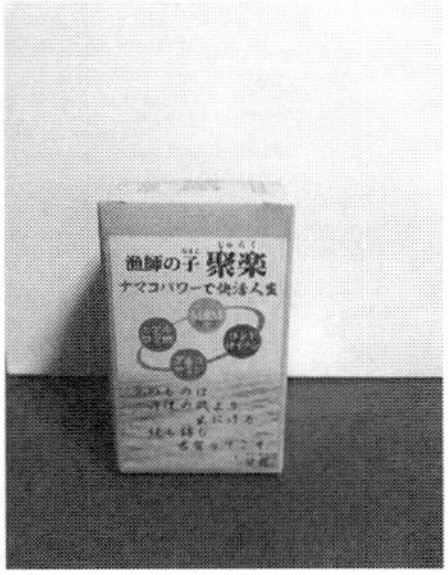

７．乾燥ナマコのブランド製品を輸出など販売する。

８．販売による利益は、ナマコ事業に再投資して、上記の循環サイクルを持続・拡大する。

　あるいは、ナマコ事業以外にも、新たな地方創生の事業創出に、再投資する。

私はナマコの付加価値の大きさと出口戦略（売上げの戦略、販売先）の成功が見えていたので、舞鶴市・江守光起市長と馬場助役に報告して提案すると、前向きに進めることになりました。

②　私はプロデューサー役として舞鶴市長への提案を開始しました。

舞鶴市役所内の関係部署に集まってもらい、事業案を説明し、京都大学水産試験場、京都府海洋センター、漁協などを訪問して説明しました。

まず、地域内の主要な関係機関にコンセンサスを得るようにしました。

提案理由は、舞鶴での新規産業・ナマコ産業の規模の大きさ（売上、利益）と付加価値の高さ、ヒト・モノ・カネの呼び込み力の大きさ、コストの低さ、雇用創出効果です。

当初はナマコの湾内に与える環境汚染があるのではないかという反論も出ました。京都市内の大学に調査を依頼したところ、ナマコの湾内養殖は、ナマコが掃除機のように口から汚泥を吸収して消化後、浄化した泥のみを吐き出す生態であり、むしろ、環境に良いことが判明しました。

日本で初めての生態研究の調査では、ナマコは海底の汚染物を吸収・浄化する特性があり、海を綺麗にする生物とわかりました。

当時、日本国内ではナマコの生態は解明されていませんでしたが、諦めずに、数か月かけて研究解明され、ナマコの海底浄化作用が実証されて事業全体がスタートしました。

③　京都大学の舞鶴水産試験場・所長の山下洋教授と初めてお目にかかった時に、教授が、「以前から、ナマコには興味を持っていた。世界一のナマコのブランド都市・中国の大連市に連れて行ってほしい。」というお話をされました。

翌月に、私は山下教授と一緒に大連市の水産大学、水産局、民間企業を訪問しました。その後、山下教授が率先垂範・陣頭指揮でナマコの種苗育成の施設および舞鶴湾内に養殖拠点を何か所か設置して下さいました。

同時に水産試験場に人工種苗育成チームと湾内養殖チームを作って1年で実績を出しました。さすがに、京都大学は水産分野でも全国トップクラスだと再認識した次第です。

舞鶴市内の京都大学水産試験場所長のリーダーシップで、日本初のナマコの人工種苗育成の成果が出ました。舞鶴湾内で養殖の実施により最適スポットの絞り込みや、岩ガキなどの養殖との複合のナマコ養殖方法の確立の成果の2つの実績を上げていただきました。

私は京都大学・水産試験場所長と本校の農水産分野の機能性物質専攻の平田孝教授と一緒に、ナマコ研究では世界で最先端の大連水産大学に2回、意見交換、打ち合わせで訪問しました。

京都大学の教授の方々と大連水産大学の教授の方々は、ナマコの研究レベルと考え方のべクトルは同じでした。

偶然にも、抗がん作用もあることも同時に解明中でした。ナマコは健康、美容、滋養強精でも効果が高い物質が多いことなど、付加価値の高さがわかりました。

また、京都大学の両教授には、ナマコの種苗育成、養殖の現場、大連水産学院にもご案内して業者、教授陣も紹介し、実情を把握して、陸上養殖の現場も確認していただきました。

その後、京都大学はナマコの研究については、大連大学の大学院生留学生も受け入れて機能性物質の研究を継続しています。

④ 私は平成21年に総務省・経済講演会に講師として呼ばれて、全国市町村の職員約300名を対象に1時間半の講演を行い、ナマコ産業の規模の実態と付加価値の大きさを説明しました。
その結果、各市町村職員から質問が相次ぎ反響も大きく、日本全国市町村のナマコ養殖の開始推進に寄与したものと思われます。

ナマコの市場規模の大きさ（1兆円以上）、付加価値の高さ、収益性の高さ（ナマコ長者の存在）などを認識して、地域住民に説明することです。

具体的には、客観的な数字の把握と説明が必要です。ナマコの水分率、乾燥ナマコのコスト、市場価格、需要金額、供給金額、販路創出の理解などが必要となります。

実際に、漁業者に第1回目の販売まで、つまり、販売先の紹介、販売方法、資金調達まで支援して成功体験をしてもらうことが必要です。

東北地方の県庁関係者から、「ナマコの養殖を含めた本格的な取り組みを考えている。中国人が乾燥ナマコを買い漁っているが、一過性のブームかどうか？　将来の市場は拡大するのか？」という質問がありました。

私は、「乾燥ナマコの需要は拡大方向で、供給が追いつかない状況である。今後も品不足状態が続き、価格も高騰するので、積極的に推進すべきである。」と回答しました。

❖舞鶴市のナマコ産業創出

①　ナマコ事業開始のメンバー

平成18年に舞鶴市の市長・職員、京都大学生産試験場所長、漁協、漁業者と私でナマコ産業創出を開始しました。

②　主役は漁業者

京都大学水産試験場所長（教授）と機能性物質研究の教授と大連視察をして、ナマコ人工種苗育成、湾内養殖を開始して結果が出ました。

③　広域連携

［舞鶴市のナマコ産業創出］

平成18年４月	舞鶴市にナマコ産業を提案	市長にナマコ産業創出を提案
〃　５月	市長と先進地視察、調査	中国大連市にナマコ養殖、市場を調査
〃　５月	京都大学にナマコを提案	京都大学水産試験所長に取り組み提案
〃　６月	産官学で取り組み開始	漁協、舞鶴市、京大で取り組み開始
〃　８月	京大水産試験所と中国視察	先進地・中国大連市の産官学を視察
平成19年４月	補助金で京大に研究員採用*	種苗育成と湾内放流の研究で２名を採用
〃　５月	京大でナマコ取り組み開始	種苗育成と養殖の仕組み構築、事業開始
〃　８月	機能性物質の教授と中国視察	先進地・中国大連の大学で情報意見交換
〃　10月	種苗育成の成功	京大水産試験場で種苗育成を成功
〃　11月	稚ナマコを舞鶴湾内に放流	京大の研究した最適場所に稚ナマコ放流
平成20年11月	同上	同上
平成21年９月	総務省経済セミナーで講演（種苗育成、養殖加工、輸出）	総務省経済セミナーで日本のナマコ産業創出を発表。他市町村が本格的取り組み開始

ナマコ産業集積地の仕組みづくりと近隣市町村へのナマコ産業創出の支援実施のために京都大学を中心に京都、熊本、福井で広域連携を行いました。

❖上天草市のナマコ産業創出

①　主役は漁協幹部の漁業者

②　支援者は上天草市長、職員、海洋センター、里海づくり協会、民間研究機関、地域再生マネージャー（筆者）

③　上天草市のエビ養殖の遊休地を活用したナマコ６次産業創出

④　舞鶴市の乾燥加工漁業者による上天草市内での乾燥ナマコの講習と意見交換会の実施（２回）

⑤　ナマコの人工種苗育成～エビの遊休養殖場、漁協の漁船の停泊湾内で養殖乾燥加工～ブランドづくり～販路創出の仕組みを構築、日本の乾燥ナマコの最大輸出業者を紹介、販売開始実施支援成功

⑥　日本の乾燥ナマコ輸出業者による上天草市への陸上養殖の投資の申し入れ

＊　国と舞鶴市からの補助金により京都大学水産試験場がポスドク学生２名を３年間、養殖の仕組み構築を目的に採用し、仕組み構築が完了しました。

［熊本県上天草市のナマコ産業創出］

平成24年8月	市にナマコ産業提案	市長、幹部職員にナマコ産業を提案
〃　9月	国内のナマコ先進地視察	市長、職員、漁協と種苗、養殖先進地に
〃　10月	里海づくり協会に提案	くまもと里海づくり協会と取り組み提案
〃　11月	先進地から種苗、稚ナマコを取得	里海づくり協会等で研究開始、種苗育成開始
平成25年3月	ナマコ交配、種苗育成開始	上天草市内で種苗育成を開始
〃　3月	乾燥ナマコづくり教室開催	先進地域の専業者招聘、市民50名参加
〃　7月	ナマコ養殖場を探索	市内の遊休のエビ養殖場を候補地に設定
〃　11月	市内の湾内に放流開始	稚ナマコを湾内に放流に成功
	販路創出を開始	ナマコ輸出業者を訪問開始
〃　12月	ナマコ輸出業者を紹介	日本一の輸出業者を漁協員に紹介成功
平成26年3月	上天草漁協員が販売開始	上記の輸出業者と販売、取り組み開始

▲上天草市
ナマコの中間育成

❖京都府宮津市の国際的ナマコ６次産業創出

［京都府宮津市のナマコ産業創出］
（総務省地域力創造アドバイザー・モデル事業）

平成25年４月	市にナマコ産業創出提案	市長、幹部職員に提案
〃　４月	乾燥加工の調査開始	乾燥ナマコ企業を訪問、取り組み提案
〃　４月	京都府海洋高校に提案	校長、担当教員に説明、取り組み開始
〃　５月	ナマコ推進協議会を設立	推進協議会を設立、市長と説明会を開催
〃　10月	複合一貫育成養殖設備の構想開始	市が海洋センター、乾燥企業などに説明して一貫養殖設備の構想協議を開始
平成26年２月	地域おこし協力隊を採用	市長と面接で、専任の地域おこし協力隊２名採用（乾燥ナマコの技術伝承を目的に）
〃　６月	販路創出を開始	市、府、乾燥ナマコ企業で香港、台湾市場に
平成27年１月	ブランド商品づくり	乾燥ナマコ企業が主体となってブランドづくり

[福井県と福井市のナマコ産業創出]
(福井市と総務省地域力創造アドバイザー事業)

平成22年 4 月	ナマコ産業創出を提案	知事、部長に提案して予算付け開始
〃 5 月	ナマコ種苗育成を開始	栽培漁業センター所長主任研究員に提案、種苗育成を開始
〃 11月	稚ナマコの放流開始	嶺南地区の湾内で放流開始
平成23年 5 月	乾燥ナマコの講習を開始	県と漁協組合で乾燥ナマコ講習実施
平成23年～30年	取り組み継続	栽培漁業センター中心に
平成29年 6 月	福井県・嶺北地域で開始	福井市と市内漁協に提案
〃 11月	嶺北で稚ナマコを初放流	福井市が越前海岸で稚ナマコを初放流

❖福井県のナマコの取り組み開始

平成22年に福井県知事と水産部長にご挨拶した時にナマコ産業の創出を提案しました。

その後、福井県は8年連続で種苗育成、放流の実行支援を推進中です。

福井県からの最初の反応は、「福井県のナマコ産業創出によりナマコの販売金額が1年間で約30億円になるということは、現在の県内のカニの販売総額が約20億円なので、それよりも大きいのか？」という驚きの声でした。

❖ナマコの陸上養殖のすすめ

中国では、ナマコ養殖は陸上養殖が一般的で、大金持ちを生む事業となっています。

海辺に深さ1～2メートル程度、幅30メートル程度、長さ50メートル程度のプールを掘って土のままでコンクリートも張らずに、浜辺に開け閉め可能な小さな水門を付ければ出来上がりの簡単な設備です。その陸上養殖場に、人工種苗育成した稚ナマコを毎年秋に次々と投入していけば良いのです。

陸上養殖の経営者の話では、餌の投入は不要で１か月に一度、陸上用水養殖場の水門を開けて海の海水との入れ替えを行えば良いだけとのことでした。

前にも述べましたが、中国・大連市の陸上養殖による年収が３億円の家族経営の代表者と懇意になり、合計10回以上訪問して知識を増やした次第です。

京都大学教授、海洋センターの所長、舞鶴市市役所職員なども現地に案内して現場を視察してもらっております。

日本の同行者の皆さんは、訪問前は半信半疑でしたが、訪問すると非常に合理的で生産性が高いと絶賛されていました。

大連市で約１０００社の家族企業（社員10名程）の経営者は、それぞれが、年収２億円～３

億円の大儲けをしています。理由は、ナマコ産業は乾燥ナマコの原料の親ナマコの確保が事業のポイントで、利益に直結するからです。

私自身は福井県の海岸と京都府の海岸でナマコ産業を広域連携の発想で、ナマコ産業で年間100億円~500億円の利益を生む地域にしていくお手伝いをしていきたいと思っています。

私の個人的な夢は、「日本の夕日の美しい海岸で、ナマコの陸上養殖をしながら、オリーブ園も作り、スローライフとスローフードを楽しむこと。」です。

第3章

地域の担い手、人材の育成

――地域と個人の夢を叶える勉強会

▲熊本県上天草市
弓ヶ浜から見た長崎の普賢岳

1　地域再生の持続拡大の仕組み

私はいつも、「勉強会は宝の山だ」と呼びかけています。

地域の人材育成目的で、各種の魅力ある勉強会を開催して地域の方々の夢を吸い上げて実現に向かって支援を行い、成功を収めて自信を持ってもらうことが大事です。

各テーマについて10名程度の市民が参加する少数精鋭の勉強会の開催が効果的です。毎月1回、勉強会を開催してヒト・モノ・カネを地域外から呼び寄せることを中心に、個々の参加者の夢と全員の共通の夢を実現するために楽しんでいます。

本当に大切なことは、地域再生の具体策を有言実行で政策を作りながら年度内に同時並行で、実行して成果を出していくことです。

実際、私自身は、個々の地域の市町村民の生の声を反映したオーダーメイドの政策立案と同時に具体策のプロデュースを行います。

市民をメインプレーヤーとして実行支援して成果を上げてきています。地域の持続的な発展・拡大のためには地域の担い手になる人材育成が必須です。

地域住民の有志との新規事業創出、新規ビジネス創出を目的とした「勉強会」の開催と実行継続が必要です。個人個人の市町村民と企業経営者は地域再生について人生の夢、事業の夢を持っておられます。

その熱い夢をバックアップして、実現のために市町村と外部専門家人材が実行支援を行っていくことが大事と感じています。

2 「勉強会」の効用

地方創生でも「勉強会」は非常に有効です。なぜなら、勉強会は、市民の主役との出会いの場となり、地域の市民、企業の考え方、課題等が把握できて、各地域振興事業の市民の主役を見つける場にもなるからです。

勉強会で出てきたテーマに基づいて、提案した塾生を戸別訪問すれば、地域の課題と解決手法がわかってきます。通常、１つの地域で１００人を訪問すれば、真の意味で取り組むべき事業と取り組む優先順位まで見えてくるものです。

１００人を訪問する時に勉強会の塾生の意見を参考にすれば、より的確に状況が把握でき、本質もわかってきます。

勉強会を行うことは、自分の地域振興の実施内容、実績のレビューにもなり情報の共有もできて、人脈も拡大することが可能です。国の事業期間の終了後も地域と接触が可能となり持続的拡大が可能となります。

つまり、勉強会の効用は、地域の持続的な発展のために勉強会参加者の個々人の夢を実現しながら、地域人材を育成することに繋がるのです。

また、地域の有志と地域の課題について解決対応策について意見交換して個々の課題に対する市民の主役を発掘する場にもなります。

私の勉強会は、「会費なし」、「会則なし」、「懇親会あり」が原則で、楽しみながら、成果・実績を上げることがモットーです。

❖勉強会「東八塾」（夢を叶える異業種経営者・ベンチャー創出塾）

①　動　機

舞鶴市役所に出向する時に出身元の商社の方から、「最も公務員に向いていない小島さんが市役所に出向勤務とは不思議なものです。」と言われたものです。

平成18年に舞鶴市役所への着任と同時に、市役所内の21名の精鋭を結集して産業振興室を立ち上げてもらいました。

私は産業振興監という立場で、訪問した市民の１００名の中の有志の方々10名程と少人数の異業種交流ベンチャー創出の勉強会「東八塾」を立ち上げました。地域の持続的発展拡大のために、少人数の地域の担い手、主役の市民の方々との勉強会を立ち上げ、今も毎月開催しています。

▲舞鶴市の「東八塾」

一緒に勉強しながら、地域の担い手の主役の市民が１人でも多く育ってもらいたいと思ったことがきっかけでした。

この勉強会では参加者の持つ事業の夢の実現を支援することを目的としました。

懇親会では本音の意見や話が出てきて前向きな意見交換に繋がります。

勉強会には、市役所、商工会議所、都道府県庁の職員、地銀にも参加してもらい、産・官・学・金で趣味の勉強会で終わらずに、塾生の夢の実現に繋がるように心がけています。

参加者全員で個々の会員の夢の実現を支援する会で、実現したら退会してもらい、待っている方々に入れ替わっていただくようにしました。

10名程度なら、全員が意見を話すことができて、夢の実現も皆で話し合った後、私が会員をマンツーマンで成果が出るところまで実施できるからです。ビジネスであれば初めての成約が実現できるまで支援しています。

この東八塾のおかげで、舞鶴市役所に着任後1年で市役所職員の方々から、「なぜか、わからないが、小島さんのような人が最も公務員に向いている。」とお褒めの言葉をいただいた記憶があります。

やはり、勉強会は地方創生の成果を上げる「宝の山」だと思っています。

② 内　容

塾生は、若手経営者を中心に10名ほどの方々が積極的に参加しました。「若手」とは実年齢を意味するのではなく、「心と志が若い」という意味です。

私は経営的な発想でアドバイスを行いました。ポリテクカレッジ京都校長（大阪大学・造船工学・名誉教授）には技術的発想でご指導をいただきました。開催後の2年目から京都府の部長にも参加していただきました。

成果という意味では、舞鶴発のセレクトショップ・ウッディーハウスのベンチャー企業経営者で2代目塾長の志摩幹一郎さんがご自身で立ち上げられたセレクトショップの驚異的な拡大に成功されています。

ウッディーハウスの企画開発力は優秀で、京都、大阪、神戸のお客さんが地域の舞鶴市の店まで商品を求めて押しかけています。

結果的には舞鶴発のセレクトショップが京都、大阪、神戸の市場に店を5店舗出店して、舞鶴の地域から京阪神の大都会の中心地への逆上陸に成功しています。

▲舞鶴市赤れんが倉庫
東八塾・塾長と販売イベント

最近、注目されだしたネット通販も10年前から開始、平成30年度の売上げ見通しは15億円まで拡大、ブランド小売業界の革命児です。

ウッディーハウスは最近の10年間で業容を10倍拡大して、平成30年度は年商15億円となり、5年後には年商50億円を目指しています。

店舗6割、ネット通販4割で、売り場以外に、撮影スタジオ、事務所目的で、NT

Tの4階建てビルの地下も含めた全フロアを借り切っています。

今も私は名誉顧問として、幹部とは毎月1度は情報交換会、懇親会を開いています。

東八塾での上記以外の成果は、大阪大学の冨田康光名誉教授と企画立案、実行をし、日本初の国際クルーズのセミナー、国際クルーズの誘致、市民向けランチクルーズ、ディナークルーズの開催があります。

日本酒の海外への直接輸出500本成約支援、産・官・学での中国から日本初の胡蝶蘭の開発輸入・販売支援、ナマコのサプリメント開発・小売販売支援、舞鶴にコンビニの初誘致などがあります。

③　参加者

私は、勉強会の参加者について、「来るものは拒まず、去る者は追わず。」が基本と思っています。

漁業者で参加した企業経営者の方はナマコの健康・美容サプリメント開発、製品化、販売に成功されています。

前塾長の藤本茂樹さんは一代でドラッグストア7店舗を立ち上げられました。

最年長者は、万年青年の80歳の市内優良企業の会長です。

お米小売店の代表者は舞鶴市民新聞社主として新企画を提案、活躍されています。副塾長の堀口宏之さんは、元ＪＣ会長で、舞鶴市内で初のオリーブ植樹５００本にも成功されています。同時期に舞鶴市内にコンビニ2店、ＩＴ企業を開設、経営を開始されています。東八塾は舞鶴市役所に提案して、東舞鶴駅前の大通りに樹木がなかったので、癒し感を出すために、街路樹を植えてもらいました。また、同時に高さ１メートル以下の低い街路灯などを設置して、小京都の雰囲気を醸し出してもらいました。

ＪＲ東舞鶴駅前にノスタルジックなムードが溢れました。

高度な信頼関係を構築できる勉強会にすることが重要です。継続して成果を上げていく勉強会にすることが持続発展していく秘訣だと思われます。

平成18年に立ち上げた勉強会を、今も毎月開催し、街の課題に対応しています。私も名誉顧問として毎月、舞鶴を訪れ、幹部と情報交換と懇親会ができるということは、嬉しい限りです。

❖「お香の会」

お香の会を立ち上げた辻香さんは「地方創生を行う時、特に観光交流、国際交流を行う時は、地域の歴史・文化を深く掘り下げて知ることが大事ではないか？」と言われていましたが、ほんとうにそのとおりです。

①「おもてなしの心」の勉強会

▲舞鶴市「お香の会」

「お香の会」は舞鶴商工会議所・青年部の女性幹部で会長候補だった辻さんが、平成19年に舞鶴市内で「お香の会」の教室を立ち上げられたもので、今も毎月開催されています。

補助金助成に頼らずに、すべて手づくりの素晴らしい、コト消費（体験型消費）の最先端の勉強会です。今も継続されている「お香の会」です。才媛の辻さんが、「日本文化を学ぶ、何かサロンのようなものを開催したい」との目的で、お香の会を立ち上げたものです。

文化的なものを求める知的レベルの高い女性を集めて一緒に学びながらお互いを高め合うようなそんなサロンができたらと思われたようです。

最初は知り合いの方々にダイレクトメールで案内状を送り、舞鶴市民新聞で募集して、少しずつ人を集められました。

立ち上げ当初から私も京都府部長といっしょに参加させていただきました。和服を着て、平安時代の貴族の文化、風流、「組香《くみこう》」（数種の香をかぎ分けて言い当てる遊び）、歌の詠み方、月の眺め方（愛で方）、恋心、風流、風情、文化など、都人《みやこびと》の「おもてなしの心」を楽しく学びました。

毎回、日本の四季や和歌・物語や文化を学ぶうちに「香」を文化にまで高めた日本人・日本文化の繊細さ、素晴らしさの虜になっていくような素晴らしい会です。

②　今も継続して実施

毎月一度、和室で20名ほどの参加者で開催されており、これとは別の日に早川光菜先生を招いて、「源氏物語」全54帖を二巡し、現在は「伊勢物語」などを学んでおられます。

日本の文化は美しい海と山、四季の変化による繊細な感覚により生まれたものです。地域の中で、地域の外の方々も呼び込まれて、地域の外にも「お香の会」を発信しておられています。京都府内でも有名になっており舞鶴の地を有名にしています。

この勉強会で学んだおかげで、外国人観光客のおもてなしの場面では、たいへん役に立ったことはいうまでもありません。歴史、文化、芸能は大事な嗜《たしな》みです。

舞鶴は東八塾で日本初の国際クルーズ船を誘致した港で、今も毎週１隻の大型国際クルーズ船が入港していますが、「お香の会」の開催開始が国際クルーズ船の初入船の時期と重なったことも偶然ではないような気がします。

③　効　果

効果としては、おもてなしには外国語の習得も大事ですが、日本文化をしっかりと身につけることで日本人として真の教養人になり自信も出てくるのです。海外の方々からも尊敬される存在になれると感じています。

最近になって、モノ消費からコト消費と言われていますが、10年以上前にコト消費の最先端事例としてスタートし、現在も継続されており、日本人の心、おもてなしの心を勉強する機会を与えていただき、感謝しています。

本物志向のコト消費を実践するお香の会は、まさに舞鶴の誇りです。

❖上天草市での地域の人材育成、勉強会

地域の持続的発展拡大の仕組みづくりとして次のような勉強会を（市民、経営者の参加）をテーマ別に設立、立ち上げ支援を行いました。

①「昇龍会」の立ち上げ、実施

上天草市役所と市民の有志の方々と一緒に「昇龍会」を立ち上げました。観光再生を目的として市内温泉旅館の経営者（嶋田昭仁さん他）、料亭女将、レストラン経営者、お土産物店（藍のあまくさ村・藤川護章代表）・シークルーズ事業代表者など観光協会長も参加して約10名の市民の皆さんと協議を続けました。

成果としては観光再生のための必要な事業が見えてきて、優先順位をつけて観光再生事業の実施が行われました。また、イタリアを4度訪問して、上天草市の地中海化を通じて観光再生、シチリアの市との早期交流の期待の機運を一気に高めることに成功しました。

②緑龍会（オリーブ産業創出の勉強会）

オリーブに興味を持つ市民、温泉旅館・代表者など7名で、オリーブを活用した街づくり等を協議しました。成果としては市内の景観ナンバーワンの弓ヶ浜海岸に「弓ヶ浜オリーブ公園」（約1万5000坪）の立ち上げ構想、整備実施、オープンに繋がりました。

③黒龍会（ナマコ産業創出推進会議）

温泉旅館オーナーシェフ、観光協会、水産事業者、一般市民14名の参加でナマコについての

【人材育成】（各勉強会と、セミナーの実施）

▲オリーブを使った町づくりについて協議（緑龍会）

▲京都から水産事業者を招いてのナマコの乾燥・加工セミナーの実施（黒龍会）

▲地中海イメージ創出に関する勉強会の実施（昇龍会）（財団視察時）

▲地中海都市との交流について市内観光事業者との協議（昇龍会。上天草・アグリジェント友好促進会議）

▲オリーブオイルを用いた地中海料理セミナーの実施（紅龍会）

知識、乾燥加工技術などの普及活動を行いました。

成果はナマコ産業先進地の京都からナマコ事業実施の水産事業者を講師として呼び、ナマコ乾燥セミナーを実施して先進地域の技術を上天草市内の水産事業者に伝授しました。日本最大のナマコ輸出業者を紹介、ビジネス開始支援を実施しました。

上天草市の乾燥ナマコの付加価値の大きさの「気づき」から、乾燥ナマコ事業に取り組み開始希望者十数名のメンバーが見えてきました。

乾燥技術と日本最大のナマコ輸出業者と販路創出の支援成功に繋がりました。

④「紅龍会（女将の会）」

市内観光業者と飲食店経営者を対象にオリーブオイルを使った地中海料理の習得と普及に注力しました。

成果として、地中海料理セミナーを3回開催しました。上天草市の食材を活用した地中海料理を、市内有名レストランのオーナーシェフを招いて実習形式でセミナーを実施しました。参加者17名は上天草市のオリーブオイルに対する関心が高まり、温泉ホテル各社で地中海メニューが追加されました。

⑤「上天草とシチリア・アグリジェント市の友好促進会議」

市内お土産物店・藍のあまくさ村・藤川護章代表を会長として、オリーブ公園を開設した温泉旅館経営者・嶋田昭仁さんを副会長として立ち上げました。

成果としては、地中海化を通じての観光再生、シチリアとの姉妹都市提携についての市役所職員、議員、市民と勉強会を実施して意識高揚を図りました。

参加者は20名ほどの市民、飲食店、観光協会、女将の会など市内経営者と地域住民にシチリアとの早期姉妹都市提携、交流の期待機運が一気に高まりました。

現在でも、毎年数回、上天草市を訪問して市民の主役の方々とは夕食も含めて意見交換、情報交換し今後の夢のある展開を協議しています。

総務省の事業終了後も勉強会メンバーが残っているので上天草市に行くのです。

❖「青龍会」（福井県内の異業種交流ベンチャー創出会）

当初は、経済産業省から福井県産業労働部長として出向中で40歳代前半だった蓮井智哉さんと関西電力の地域共生本部の副本部長と私の3人で、毎週、割り勘で夕食をしながら勉強会のような楽しい有意義な会合を開いていました。

蓮井智哉さんからの、「この会合を3人だけでなく、福井県内の興味を持つ方にも参加してもらい、小島さんを会長にして、勉強会を開催してほしい。」という提案に従って、立ち上げたのが、「青龍会」です。

蓮井さんと関西電力副本部長に顧問になっていただき、私が塾長で関西電力の会議室を提供していただき立ち上げたものです。現在も継続中です。

① 目　的

「青龍会」は平成23年に福井県で異業種交流会ベンチャー創出の勉強会として立ち上げました。「会費なし、会則なし、懇親会あり」です。

現在も顧問は経済産業省より出向中の産業労働部長と関西電力の副本部長です。「青龍会」の目的は、異業種経営者交流会で個々の会員が持っている事業の夢を話し合って実現することに相互に協力することです。

若者の都会への流出対策、定住人口の増加を図り、地域を元気にすることが目的で、現在も「青龍会」は継続中です。

② 参加者

鯖江産地の眼鏡の部品メーカーの西村金属の常務（当時）だった30歳前半の西村昭宏さんは

第一回目の青龍会で「今から、世界初の老眼鏡のブランドを立ち上げて、世界に発信して鯖江産地の復興の旗印にしたい。」と声高々と宣言されました*。すぐに行動を開始して、1年後に実現しました。

参加者は福井県部長（経済産業省からの出向者）、大手電力会社・支店長、部長、市役所部長、新聞社常務取締役、県内の有力若手経営者、大学教授、商工会議所常務、工業技術センター所長、同幹部、銀行支店長で18名です。

③ 目　的
――福井は日本のシリコンバレー、ベンチャー立ち上げ

福井県の再生復興支援のためのベンチャー立ち上げの勉強会です。

福井の技術集積は素晴らしく、私は平成22年に福井に着任早々、「福井は日本のシリコンバレー」を叫び始めて、最近ようやく、福井は日本のシリコンバレーという言葉も新聞紙上などで使用されだしました。

鯖江市・牧野百男市長とは毎年、facebookで誕生日のお祝いメールを交換させていただいております。

福井県に着任早々、牧野市長を訪問して初面談時での市長のお話は、「鯖江のメガネ産業は

２０００年頃、中国に技術移転してしまい、鯖江産地内のメガネ生産業者は約１０００社規模から６００社程度に縮小して困っている。アドバイスと支援をしてほしい。」とのことでした。私からは、「繊維産業はメガネ産業より10年程前に中国に技術移転しているが、再生に向けて手を打ち、ブランド化と仕組みづくりに成功した。私が鯖江のメガネ産業のブランド化とＩＴ化で鯖江産地の再生に貢献してみたい。」とお話ししました。

３年間、有言実行で以下に述べる支援を実施しました。日本の人口減少問題の解決にも、雇用拡大効果の大きい有力産業の再生は不可避なのです。

④　成　果

成果としては、まさに、「無から有」を生んだブランドとしての老眼鏡「ペーパーグラス」の開発・販売支援（約5億円）と「グーグルグラス」の開発・輸出支援（約10億円）があります。

＊　県内若手経営者：年商10億円のトマト種苗育成販売企業代表、メガネ企業代表、産業機械メンテナンス企業代表、機械メーカー温泉施設運営企業代表、炭素繊維メーカー代表者、漆器メーカー代表者、メガネ技術で医療業界に進出したメガネ製品メーカー役員。

▲グーグルグラス：電脳グラス

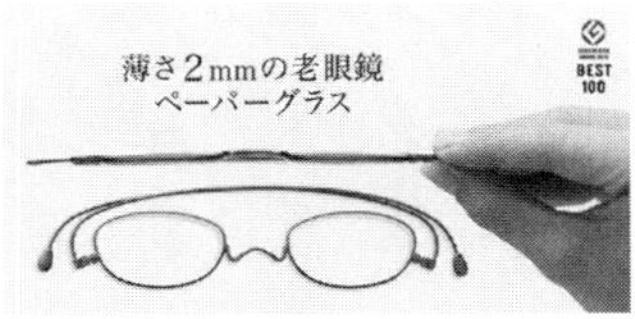

▲ペーパーグラス

●ペーパーグラス

ペーパーグラスは、平成23年に私が福井で立ち上げた勉強会「青龍会」で、会員の鯖江産地の西村金属・西村昭宏さんは、「世界一の老眼鏡ブランドの開発、ブランドの夢」を宣言されて作られました。ベンチャーとして老眼鏡ブランドの立ち上げに着手、勉強会の開始後2年目に成功されました。毎月の青龍会でも全員で1年間、開発支援を行いました。西村昭宏さんは、ペーパーグラスの販売会社である西村プレシジョンの起業にも成功されました。

ペーパーグラスの企画支援、販路創出を青龍会の会員全員で支援して、当初の単品で年商1億円以上の目標を最初から支援して成功しました。

西村昭宏さんには、事業立ち上げの販売開始時に、私の京都府舞鶴市の勉強会のセレクトショップ経営者を紹介しました。

そのセレクトショップにペーパーグラスの事業立ち上げ時に約2000枚・約3000万円を販売してもらいブランドの知名度アップにも貢献したようです。

他の地域の「勉強会」同志のコラボで相乗効果の成果が出た次第です。

舞鶴市と福井県の勉強会のコラボで、「瓢箪から駒」のような展開となりました。

総合商社・ブランド関連部長にも世界ブランド戦略のために紹介もしました。

西村昭宏さんには、ヨーロッパでブランドを立ち上げて日本に逆上陸することのアドバイス支援を続けています。

▲「青龍会」：福井市

●グーグルグラス（電脳メガネ）

グーグルグラスはスマホ携帯の次世代型、電脳メガネです。

グーグルグラスは、私の事務所に出向で勤務されていた福井県工業技術センター職員と製品開発、輸出販売支援を実施しました。

グーグルグラス開発・輸出による鯖江眼鏡産地のＩＴウェアラブル基地の基礎づくりの支援成功は鯖江産地にとって、大きな自信となりました。

伊藤忠商事関連会社にグーグル社を鯖江産地に呼び込

んでもらいました。

私の事務所に福井県工業技術センターからの出向・勤務者が1名と私も連日、鯖江のメーカー企業の社長を訪問しました。福井県の部長（経済産業省からの出向者）も紹介、支援しました。毎週月曜日から金曜日に、グーグル社員、私の事務所に出向中の工業技術センター職員1名、伊藤忠商事・関連会社社員2名で鯖江産地の1企業に2年間常駐で張り付いてもらい、世界初のグーグルグラス（電脳メガネ）開発に成功しました。

初年度で、10万個、10億円のグーグル・グラスを開発支援、米国にモニター販売用の輸出支援に成功しました。勉強会により、鯖江の技術力がある有志の企業経営者の方々と高級品志向の眼鏡ブランドづくり、および眼鏡とＩＴを組み合わせたウェアラブルの製品づくり・販路創出支援を開始したわけです。

❖福井県・大野商工会議所の「ダイヤモンド塾（大野問答塾）」
――若者の夢を叶える塾（若者とは、心が若い者の意味）

福井県大野市では、人材育成塾「大野問答塾（ダイヤモンド塾）」を大野商工会議所と株式会社・結（ゆい）のまち越前おおのが主催、会費なし、会則なし、でダイヤモンド塾を立ち上げました。

大野市の未来のために何でも提案でき、話し合える「ゆるい話し合い勉強会」を立ち上げました。

大野商工会議所の稲山幹夫会頭に顧問になっていただき、私が塾長になり若者塾「結（ゆい）のまち　ダイヤモンド塾（大野問答《ダイヤモンド》塾の音読み）」を立ち上げました。

▲ダイヤモンド塾（大野問答塾）の開会宣言

会費と会則なし、懇親会ありです。市役所月報に開催日を掲載して頂きました。

目的は、若者の夢を叶えるために立ち上げたものです。

初回から少数精鋭十数名が参加されて、本会議は2時間、懇親会は3時間以上の大盛況でした。

マスコミの福井新聞社、日刊県民福井もプレス発表で次回の開催日程まで掲載してもらい、翌日の大野市内でも市民の間で大評判でした。

塾生の共通の夢のテーマとして大野市の広域型観光と宿泊型観光を実現するために大野市の大自然を活用したグリーンシティ構想を立ち上げて進行中です。

オリーブで儲けて、温泉事業など新規の塾生の共通の夢である地方創生事業に投資していくことまで考えています。

3年後にNPO法人をつくり、行政対策を行い、同時に、株式会社も設立して、地域にヒト・モノ・カネを呼び込み、利益を組織にプールして、地方創生事業に再投資を行っていくことを考えています。

ダイヤモンド塾生の新規事業創出のためのイタリア視察費用などもオリーブ事業利益から捻出していくつもりです。

▲越前大野城　天空の城：大野市提供

❖福井の「考福塾」
──福井の今と未来を考える

平成25年に、「考福塾」は福井の今と未来を考える次世代経営者の育成塾として立ち上げられ、現在も継続中です。

考福塾は、平成25年に福井新聞社主で青年実業家の吉田真士代表取締役社長と幹部の方々が企画し、共催事業として、明るい社風の福井銀行の温厚な伊東忠昭頭取（当時）にもお声掛けをして立ち上げられたものです。

若者の夢　大野を活性化

まちづくり会社が塾立ち上げ

商工業者　実現への方策

大野活性化へ若者塾

専門学校、アウトドア専門店街を…

会議所など開講　夢語り方策議論

▲大野市
ダイヤモンド塾を開催
ダイヤモンド塾：「日刊県民福井」提供　ダイヤモンド塾：「福井新聞」提供

塾長は伊藤忠商事・小林栄三会長（当時）で参加塾生は福井市内の企業・自治体・商工会議所等の次世代の経営を担う中堅幹部が中心で、毎年50名の塾生が参加して卒業していきます。

講師は福井県出身の県外で活躍されている方が中心となっています。

私も開塾以来、塾長付きで参加しています。参加塾生は1年単位で修了・卒業で、毎年、新入生に交代します。平成30年で6年目を迎えて、卒業生も約２５０名となっています。

第１期卒業生の話では、地域内の先輩、後輩のシガラミが少なく、有力なビジネス・パートナーも多く、商工会議所青年部、ＪＣなどに続く新しい形態の若者の人材育成塾になりつつあるとのことです。

福井新聞の山本道隆常務以下、幹部が陣頭指揮で事務局も設置して継続中です。

❖福井大学で「地方創生」の講義で人材育成

大学講義の一環として、次々世代の地域の担い手づくりと地域の課題の解決のために地方創生の講義を持たせていただくことになりました*。

私は国立大学法人・福井大学で「これからの地方創生と経営学」、「これからの国際戦略」の講義を担当しています。

毎年、1時間30分の講義を半期に18回行い、期末に試験、採点、卒業単位授与も実施しています。

グループ・ディスカッション、フィールドワーク活動も含めて、1人でも多くの学生に地方創生について目覚めてもらうことが目的です。

大野市でのフィールドワークも、商工会議所会頭の協力もあり実施中です。

学生と同じ目線で、講義を行い、私自身も一緒に勉強させてもらおうと思っています。

成績優秀な学生を「ふくい地域創生士」に認定する制度になっています。

実際、地方創生の事業に対する学生の感性は素直で、対応すべき考え方、ノウハウ、理由を理解することを教育していけば、政策づくりから実践、実行まで行うようになれると手ごたえを感じています。

▲福井大学・「これからの地方創生と経営学」の講義18回目

日本の地方創生で一番欠けていることは、真の意味で地域再生を実行できる人材が数少ないことです。私は学生に政策づくりと実践ノウハウを伝えています。

地域の現場で政策を立案実行しながら、同時に、市民を主役とした事業をプロデュースできる能力のある人材を育成していくことが最重要です。

個人的には、福井大学において、大学生に実学的な発想方法も含めて、将来の職業の選択肢として考えることができる高い実務能力を楽しみながら学べる講義にしたいと思っています。

福井の市町村も含めて全国１８００市町村の地方創生の現場で政策づくりと実践をできる能力ある若者を１人でも多く育成してヒト・モノ・カネ・情報・夢・ブランドに繋がる地方創生を進めたいと思っています。

福井大学の前期講義の最終回に、試験を行い、提出

＊　将来の地方創生のプロの育成を目指すくらいの気概で人材を育成することを考えています。

▲福井大学
前期講義の最終日の感激

▲福井大学
キャンパスで、オリーブを植樹

した学生から順番に教室から退出して最後の１人が提出して、私が１人、教室に取り残されました。

普段から寂しがり屋の私は夕日が沈み始め、だんだんと寂しくなってきました。

そして、教室から出ると８名ほどの有志の学生達が廊下で待っていてくれて、「小島先生と記念撮影をしたい。懇親会を開催して一緒に行きたい。」とのことでした。本当に感激しました。

地方創生の仕事を通じて繋がった友人は、人生における大きな財産になると思われます。いつ、地域を訪れても、心の通じた前向きな楽しい時間を共有できて、次々と新たな発想が湧いてきて、その地域に次のステップの新規事業の布石を打つことに繋がります。

❖大学連携

福井大学は福井県と県内大学連携としてＣＯＣ（CEN-

TER OF COMMUNITY）事業に連携強化しています。

地域の課題を解決しながら、地方創生を行っていくことを実行していきます。将来的な国際都市として観光客の呼び込みにも有意義な取り組みになると思われます。

私は講義「これからの地方創生と経営学」の一環で福井大学の予算で、バスも仕立てていただき、大野市の大自然の中で地方創生のフィールドワークの講義も実施しています。大野市内では大野商工会議所・稲山幹夫会頭にも朝から夕方まで同行していただき、感謝しております。

おかげさまで小京都の街並み、ワイナリー、春日神社、天空の城、六呂師高原、醤油製造業などでの現場の実地教育で、学生達の理解度も上がっています。

フィールドワークの成功の鍵は、現地の有識者とのコラボと考えます。

大学生という次々世代の若者に地方創生の現場教育で本質を理解してもらい、学生の将来の職業の選択肢の１つとしてもらえれば幸いです。

２０１６年に福井大学で開設された国際地域学部との取り組みの仕組みづくりを行うと真の意味での国際化に繋がると思われます。

❖地方創生のセミナー講師として

「トランプ大統領の誕生は大不況の到来でなく、大好況の入り口だ。株式市況をはじめとして経済的にはバラ色の展開になる。」と私は最初に発言しました。平成28年11月に長野県議会からの依頼で、「これからの地方創生と国際戦略」について講演会の講師を務めました。

東京に近い立地で地方創生の先進県の長野県としては、東京中心に地方創生の成果が出てきているが、これから、国際的に地方創生を行う必要性があるということで、総務省に相談して、私が講師に推薦されたとのことでした。

セミナー前日の午後にトランプ氏が当選したとのニュースも入り、日本の株式相場も日経平均株価は約1000円暴落していました。

セミナー当日の朝は、テレビも新聞も経済評論家のすべての方々が、大不況の到来と超悲観的な見通しをされていました。当日の朝のセミナー会場の控室でも、悲観的な話ばかりでした。

私は、控室で主催者の議員さんや地銀の調査室の方々にも、トランプ大統領の誕生は日本経済にとってバラ色の明るい話題と発言していました。

司会者からの私の紹介時に「控室の話では、今朝からマスコミ、コメンテーターも総悲観の中で、小島さんはトランプ大統領の誕生後の世界経済と日本経済について非常に明るい展望を持っておられるユニークな方です。」

「小島さんには、1時間30分の講演の最初10分間はトランプ大統領誕生後の見通しについて述べていただきたい。」と、突然の要請をされました。

私は、開口一番、「世界経済はバラ色の展望だ。」と発言し、その理由として、具体的な10項目*の内容を説明しました。その瞬間、530名の参加者の全員が顔を上げて私を見ました。

結果はご存じのように、当選当日に1000円近く暴落した株式相場は当選の数日後から

*
① トランプ大統領と安倍首相は相性が良いと考える。
② 現状で軍事力が世界一の米国がトランプ大統領の誕生で、より強力なリーダーシップを発揮する。
③ 今後は、米国主導で、ロシア、中国、北朝鮮、中東情勢が、ある意味で安定する。
④ 米国が強国に復活して、米国のベストパートナーの日本は存在感と発言力が増す。
⑤ トランプ氏は大統領選挙に初選挙で勝ち上がったオーナー経営者であり米国経済を立て直す。
⑥ 米国経済が本格的に立ち直れば、日本経済も活況感が継続的に拡大する。
⑦ トランプは米国人の雇用を増やすために、米国企業メーカーの生産機能を米国内に戻す。
⑧ 米国と同様に、日本も日本企業メーカーの海外生産を国内に戻す動きが出てくる。
⑨ 日本国内の雇用が増えて、賃金アップも実現して景気が安定する。
⑩ 紆余曲折はあっても、今後5年は、米国の株価と日本の株価は本格的な上昇基調となる。

ニューヨークも東京も、1年以上も上がり続けて、バブル景気後30年で最高値を付けています。

やはり、大変化の時はチャンスです。自分自身で本質を考えて持論を持ち、有言実行で対応していくことが大事です。

地方創生の地域での新規事業の創出時も、常識に左右されずに、まず最初に、出口戦略、結果が出せるかどうかを考え抜いて、提案し実行していくべきです。前向きな発想が大事な所以です。

3 勉強会が継続する秘訣

①　前向きな発想
②　ゆるやかで自由な雰囲気
③　会費なし、会則なし、懇親会あり（必須）
④　勉強会開催は、毎月、第何週の何曜日と定例化する
⑤　遅刻はＯＫ
⑥　全員発言
⑦　メンバーの話を否定しない

⑧　メンバーの夢の実現を全員で背中を押して実現する

⑨　家族のような雰囲気で何でも話す

⑩　地方創生にも寄与する個々人の夢の実現を話し合い支援する

⑪　常識にとらわれずに、変化の時はチャンスと考える

▲長野県議会 経済セミナー 地方創生と国際戦略 530名参加

第4章

これからの地方創生と国際戦略

――地方創生では、日本国内と海外戦略で2度稼ぐ

▲イタリア・アマルフィー
スローライフとスローフードを体験

地方創生の国際戦略で、もっとも大事なことは国内向けで成功した地方創生の事業を海外の市町村にも発信して、日本国内の儲けに加えて海外事業でも、ヒト・モノ・カネを呼び込み、儲けを出して相乗効果を生むことです。

その上で、同じ地方創生事業で日本国内と海外の市町村との取り組みで2度、大儲けをするという発想と実行で成果を上げることが大切です。

1 イタリアとの取り組みの重要性

――AI（人工知能）時代は、スローライフ文化で感性と創造力を磨く

上天草市の観光協会関係者から、「なぜ、国際交流はイタリアを目標にしていくのか？」と質問がありました。

私は次のように説明しました。

「地方創生で、地域を豊かにするためには、日本国内の大自然の付加価値を発見、磨き上げ、新規産業を創出し、地域外に発信して、地域の外から、ヒト・モノ・カネ・夢・ブランド・情報を地域に呼び込むことが大事である。」

「国際交流は、日本国内のみならず、海外からヒト・モノ・カネを呼び込む源泉となる。日

本国内の大都市圏からヒト・モノ・カネを呼び込むことに成功したら、さらに発想を広げて、海外で一番付加価値の高い国と繋がることがさらに大きな効果を生む。」

また、「上天草市では、地中海化構想で、オリーブ植樹も開始して、海外の姉妹都市提携の候補先として、世界一のオリーブオイル生産国のイタリアと繋がっていくことが効果的である。」といったお話をしました。

▲シチリア　スローライフ・スローフード

つまり、日本の地域で地方創生の基盤ができたら、海外でも大自然の豊かで世界一の付加価値の高い仕事をしているブランド職人文化のイタリアが日本の地域の地域創生のために重要なパートナーとして拠点になると思われます。

欧州が文化、歴史面で世界最高峰であることは周知の事実です。欧州の中でも、特にイタリアの歴史、文化は抜きんでて別格の存在といえます。

各国の文化、文明を考える場合、その国の歴史を千年単位で見る必要があります。欧州を代表するイギリスは紀元前１００年頃に征服されており、また、11世紀にはゲルマン人に征服されています。伝説上の英雄であるロビン・フッドは、シャーウッドの森の中で英国の文明の復活を見守っていたのです。

フランスも5世紀にゲルマン人に征服されており、スペインとオランダも19世紀にナポレオンに征服されています。

欧州の国でイタリア以外のすべての国が一度は植民地になっており、欧州の各国の王室の歴史は１０００年以下となっています。

日本とイタリアは、天皇制度とローマ法王の存在でもわかるように２５００年以上の歴史と文化を持っています。

欧州でもナンバーワンの格を誇るイタリアがオリーブオイルの最大の産出国なのです。イタリア人がオリーブに心酔しており、日本人としては、オリーブを手段とした国際交流をイタリアの各地の市町村と展開するのが得策と考えます。

グルメの世界遺産の2大料理は日本食と地中海料理（イタリア料理）と言っても過言ではありません。大自然の美しさも共通点です。国民気質や感性においても非常に近い点があり、伝統工芸品やブランド品の職人気質も類似性があります。

そのような点からも、やはり、日本の地域の地方創生ではヒト・モノ・カネ・夢・ブランドを引き寄せるためにイタリアとの国際交流を有効に活用することが大事と思われます*。

2 熊本県上天草市の地中海化構想
――地中海化によるスローフード、スローライフのすすめ

上天草市観光協会関係者から、「なぜ、スローライフ、スローフード文化を志向していくのか？日本では難しいのではないか？」と相談がありました。

私は次の回答をしました。

「これからの時代は、スローライフ、スローフードで感性を磨き、付加価値の高い仕事を創出していく必要がある。

ＡＩ（人工知能）時代の到来で、近い将来、日本の職業の49％はＡＩに置き換えられると予測されている。

ＡＩ時代に日本人の職業として残るのは、人間の感性を活かして新しいブランドや、新事

＊　日本の市町村の地方創生にとって、イタリアは中部でなく、北部のモンブランの見える街、もしくは、イタリア南部の街などが大きな付加価値を秘めているので参考になります。

業を創出していく仕事である。」

スローライフの国のイタリア人と長時間労働の日本人は同じ職人文化の国でありながら、個人の平均収入は同じ水準です。

イタリア人は、毎日、スローライフを実践して、3時間ほどの昼食をスローフードで歓談しながら働き、夏休みも1か月ほど楽しんでいます。

一方の日本人は有給休暇も消化せずに夏休みも短く、残業も含めると時間的にはイタリア人よりも相当多くの時間を働いていると考えられます。その差は、イタリア人はブランドを創出して付加価値を付けて、車、ブランド衣料品、バッグなども日本商品と桁違いの10倍の市場価格で販売できることに理由があります。

高級車もイタリア製は1億円以上、日本車は1000万円程度です。

感性を活かして高付加価値を創造しているかどうかの違いです。

イタリア人は、スローライフ、スローフードの生活で感性を磨いているから付加価値の高いブランド製品を作ることができるのです。

本来、日本人とイタリア人の本来の感性は似ており、日本人も江戸時代末期まではスローライフ、スローフードを実践していたのです。

日本人は、明治時代以降は欧米列強の植民地にならないために、技術力を磨き、長時間働くことで、奇跡的に侵略されることなく、欧米先進国の仲間入りを果たしました。ただ、今後は、ＡＩの時代で日本人も本来のスローライフ、スローフード文化に戻り、真の意味で豊かな生活を楽しんでいく時代を迎えていくべきです。

やはり、日本の地方創生でも地域と個人のためにもスローライフ、スローフードを提唱、実践していくことが大事なのです。

❖上天草市との出会い

上天草市を初めて訪問した時、有明海の景色を見ていて、地中海のように見えてきて、上天草市での地方創生は「地中海化構想」による新規事業創出にすることが面白いと感じました。壮大な構想が頭の中を駆け巡りました。

当日、上天草市役所市長室で上天草市の川端祐樹市長から次のようなお話がありました。

「上天草市の大きな課題は市のＧＤＰ（域内総生産）は10年前は約９００億円だったものが、現在（当時）は約７００億円まで減少してきており、大きな課題である。市民の年間平均所得も２００万円以下まで減ってきている。

小島さんには上天草市の年間ＧＤＰ（域内総生産）を１００億円は増やしてほしいと期待している。」

私は、「市長に協力してもらえるなら、地方創生の外部専門家人材（ふるさと財団・地域再生マネージャー）として年間ＧＤＰ（域内総生産）を１００億円増加させることは可能である。」とお話ししました。

理由は、上天草市までの初訪問の道中で、私の中では、美しい大自然、地中海のような有明海を見ながら、さまざまな事業の構想が浮かんでいたからです。

市役所とふるさと財団の協力を得られれば、市民を主役にして大規模な地方創生の新事業をプロデュースでき、実現が可能と感じていました。

❖大自然を活用して、国際的8次産業創出で国際化

具体的には、大きく3点に集約して合計すれば２００億円以上の付加価値を生み出せると確信していたからです。

上天草市の大自然の海と山は雄大で、ほとんど手付かずの状態でした。

付加価値資源を発掘して磨き上げて、国際的8次産業化、観光振興、国際交流、姉妹都市締結、姉妹都市を活用した産業振興を行えば、新規に、ＧＤＰ１００億円の創出は高いハードルではないと思いました。

市長のやる気と市役所職員の前向きな対応を見て大丈夫と感じたものです。

実際、いろいろと面白い展開が予想されて、この街で多様な地域創生、地域再生の事業を新規創出できることが直感できました。

本来、私は新しいことに接して、感動した時にその感動により「無から有を生む」新規事業案件に取り組みスタートすることを楽しみにしています。どれだけの経済効果を生むことができて、世の中にどれだけ貢献できるかを考えることにしています。

まさに、「無から有を生む」発想が大事になります。

地方創生では、よその地域でブームになっている地域振興事業をそのまま真似することは課題解決の処方箋にはなりません。それぞれの地域の特性が違います。地域の課題の本質的な解決策にはなりません。

❖事業構築の前に、信頼関係の構築を

私は仕事の開始時、人間関係をつくる場合に、一生の友人関係を続けることができる方をパートナーとして事業構築を行ってきたおかげで、産・官・学の分野でも、無事に生き抜けてきたと感じています。

人間関係は、いかに、信頼関係を構築できるかが重要です。そして、いかにコミュニケーションを図るかということも大事です。

川端市長は、新しいタイプの政治家であり、生涯現役で活躍を続けられる方で、私も信頼関係を構築できる方との予感がしました。

そのようなことで、市長からの、地域再生の活動で100億円の新規事業創出に賛同させていただいた次第です。

私からは、私の地域再生の哲学、「ヒト、モノ、カネを大都会と海外から循環させてくること」など、市長に訪問の道中で感じていたことを、3つの大きな地域再生事業に大別して提案をしました。

従来の和風文化をさらに伸ばしながら、新たな新規分野のコンセプト、街の大きなブランド・イメージを構築して、従来の和風文化の分野とは全く違う新規分野を創出していく提案をしました。

川端市長には地中海イメージの新分野を新規構築して国内のみならず、海外とも連携、上天草市のGDP100億円増加を実現しましょう、とお話ししました。

❖具体的な政策づくり、実践で成果を出す

その場での提案は次の3つです。

1番目は、地中海イメージの創出です。

里山と里海で、国際的６次産業創出を行い、地中海化イメージ創出による観光再生を行うことです。具体的には、里山ではオリーブ８次産業創出を通じて国際交流、姉妹都市提携を行い、産業交流を行うことを実践することです。

２番目には地中海化による観光振興の創出による街の魅力度アップを図ること。インバウンドの呼び込み、宿泊型観光、滞在型観光の取り込みを行うことです。

３番目には、地域と新規事業創出の持続的発展のために、勉強会を開催して人材育成について地域の担い手を育成していくことをお話ししました。

地中海化事業について、先進地への視察先の名称、そして、予算の執行などを詳細に説明して、理解をしていただくことができました。

事業開始時に市民の主役（嶋田昭仁さん、藤川護章さん、渡邊経夫さん、渡邊美穂さん、水野繁之さん、伊藤加代美さん）と知り会えたことは幸運でした。

❖地域住民とのコミュニケーションの重要性

１人の上天草市職員が、「小島さんの頭の中が何を考えておられるのかを見たい。地方創生の発想方法が面白いので研究したい。」と冗談半分で呟かれました。

私は次のお話をしました。「市役所と市民の皆さんのおかげで、上天草市の大自然の付加価値資源を発見、その付加価値資源を磨き上げて、新規事業創出を行うことができた。出口戦略（最大限の成果、収入、観光客呼び込み、雇用拡大、人口拡大、国際交流開始など）を明確にして、ヒト、モノ、カネを外部から地域に循環させる仕組みづくりをした。」また、「市民の主役と親友になれた。需要が多く供給不足のモノを付加価値アップして商品化できる仕組みづくりを実行してきた。健康と美容と食の産業創出を図ることに的を絞り、市民の主役の方々と実行した。」等のお話をしました。

① 里山を活かした「国際的8次産業創出」として、オリーブの植樹、加工、製品開発、販路創出、海外との産業交流、輸出販路開拓、観光交流、国際交流、姉妹都市提携の仕組みづくりを市民と実行支援をしました。

② 大自然の活用として、地中海の景観に近い有明海、周辺海域の海岸と国際的8次産業、グルメ振興を行い、イタリアとの国際交流、産業交流、観光振興、国際交流の開始地域人材の育成による市民の主役プレーヤーづくりで支援しました。

❖地中海化による観光再生

上天草市の美しい里海・里山を活かした「上天草市を日本の地中海に」を目的とした国際的な事業を実施しました。

海外の市町村との交流、国際的８次業創出による「食、観光（滞在型観光）、果樹園、まちづくり、認知度アップ、ブランド構築、イメージ戦略構築など」を推進、シチリアとの市民交流、観光交流、上天草市へのオリーブオイル２０００本の初輸入支援にも成功しました。

▲シチリアのリゾート地

❖イタリア・シチリア島と姉妹都市提携にトライ

①　人脈づくり

食におけるオリーブオイルの機能の追求途上で知り合った食育協会幹部の方々とイタリアを訪問・視察しました。

イタリア国内に家族付き合いのできる個人的な人脈を構築しました。また、イタリア各地域のイタリアの市役所にも同様に人脈を築いていった次第です。

②　手づくりの人脈構築

上天草市とイタリア都市との姉妹提携では、イタリア大使館、日本外務省などを活用せずに個人的な人脈を構築して手づくりでチャレンジして成功しました。

イタリア在住の日本人やイタリア市町村関係者と個人的人脈を構築してイタリア側の市町村長に直接、会見面談に訪問すれば良いと考えて実行しました。

理由は公的機関を通すと事業が動き出すまでに時間がかかることや、日本の市町村にとって本当に相性の良い市町村を探すためです。

直接、個人でイタリア国内の人脈をつくりながら探したほうが時間的にも早く効率的と思いました。

日本の市町村にとって有利な海外の都市と姉妹都市提携を交渉できて良いと判断したからです。内容が固まってから、姉妹都市提携時に手続きとして、公的機関に報告、活用すれば良いと判断したのです。

平成24年に私がシチリアを訪問した当時は、日本人の間では、映画「ゴッドファーザー」の影響が強く残っており、シチリアはマフィアの発祥地として訪問するのは危ないのではないかとの認識が一般的でした。

③　国際交流の考え方

平成25年に上天草市役所・職員と市民を同行してシチリアを訪問しました。

総務省ふるさと財団に3年間の事業年度ごとに正式報告を3回、報告しました。

総務省と関係の深いＪＡＬ、ＡＮＡの航空会社、ＪＴＢなどの旅行会社が、機内誌などで、シチリア特集を組んで、日本国内でもリゾート地として、ようやく脚光を浴びるようになりました。

私は、イタリアでの人脈を構築して、手づくりの国際交流でシチリアの市長を3回訪問しました。うち2回は上天草市の川端市長にお願いして、上天草市民、市役所職員にも同行してもらいました。

川端市長自身は、私と知り合う前に、上天草市役所職員と日本にあるイタリアの諸機関を訪問して、イタリアとの国際交流の開始を申し入れたのですが、対応してもらえなく交流は諦めていたとのことでした。

私のイタリアの友人の話では、ローマ法王への謁見は時間がかかって難しいとのことですが、イタリアの市長であれば、誰でもすぐに訪問のアポイントが可能な状況とのことでした。その友人はまさに人脈豊富な人物でした。

私の目的は国際交流（輸出輸入、観光交流、市民交流、小学生交流など）を実施、国際的にヒト・モノ・カネ・夢・ブランド・情報の交流を行っていくことです。迅速化するためには海外市町村にアプローチして、手づくりの姉妹都市提携の下準備をすることが必要です。

▲イタリア・シチリアの市庁舎

❖イタリア・シチリアの市長訪問

上天草市のシチリア訪問団から、「シチリアの市役所で相手にされなかったら、どうしたら良いのか?」と心配の声が上がっていました。

上天草市役所職員と市民によるシチリア訪問団は明るい雰囲気でした。パレルモ空港からシチリアの市役所までの2時間のバスの中では、訪問団はシチリアの市役所で相手にされなかったらどうしようと、だんだんと不安になってきたようです。

成田空港からローマ空港までとパレルモ空港までは、

私からは、「2か月前から日本でシチリアの市役所に対してやるべきことは、すべてやった。

［イタリア シチリア訪問］（総務省 ふるさと財団 地域再生マネージャー事業）

平成24年12月	姉妹都市提携先の調査	上天草市に最適の姉妹都市提携先の調査
平成25年３月	具体的なアプローチ	シチリアの市役所にアプローチ
〃　８月	シチリアから訪問承諾	シチリアから上天草市訪問団の受入れ承諾
〃　10月	シチリアに初訪問	市、市民でシチリアに市役所に初訪問 ①初日：シチリア市長に面談 ②２日目：市長主催の特産品イベント開催 （シチリア市民50名参加でブース展示） ③３日目：市長主催の成果プレスリリース （上天草市を姉妹都市提携候補とする主旨をテレビ局２社、新聞社３社に）
〃　11月	帰国報告	①上天草市で帰国報告 ②総務省ふるさと財団・報告会で発表
平成26年10月	シチリアに２回目訪問	市長表敬でシチリア側から、翌年度の姉妹都市提携申し入れあり。
〃　11月	帰国報告	①市に帰国報告
	国の連絡会議で発表	総務省ふるさと財団で訪問内容を発表
平成27年１月	姉妹都市提携の協議会の発足	市民を会長に「地中海倶楽部」を設立、協議開始
〃　５月	シチリアに３回目訪問	シチリア側から要請あり、訪問

我々は、まな板の上の鯉です。成るようになります。」と励ましました。

上天草市では地中海イメージ創出による観光振興を目指して、本物の地中海都市であるシチリアの市との産業交流・観光交流のきっかけづくりをするためにシチリア訪問を実施したのです。そのために、総務省ふるさと財団事業を活用しました。

平成25年度事業と平成26年度事業で、川端市長の英断により、上天草市民と市役所職員と一緒にシチリアの市長を訪問しました。

市民の若手経営者2名と市役所の若手職員2名で、事前に訪問会見のお願いの手紙だけを出して、飛び込み訪問のような状態でシチリアの市長に会いに行きました。

① 訪問1日目・シチリア市長を初訪問

訪問1日目シチリアの市役所を訪問してシチリア市長との初面談では、私から訪問団の主旨を説明して訪問団メンバーの紹介をしました。

初面談の開始時にはシチリアの市長はアジアの街には興味がなく、欧州の街との交流のみを考えているということを強調され、あまり反応はありませんでした。

プレゼンが1時間ほど経過した時に、上天草市の大自然の写真、動画、特に有明海の海と山、海岸におけるオリーブ植栽の写真などを見せました。

▲シチリアの市長を訪問

シチリアの市長はアジアにもこんな美しい場所があるのかと質問を開始されました。

「日本は素晴らしい、上天草市は素晴らしい」と連呼し始めました。

極めつけは事業開始1年目に植樹した３００本のオリーブ農園の動画を見た時に、突然、シチリアの市長、10人ほどの幹部職員も立ち上がって騒然となってきました。ラテン系の特有の盛り上がり方です。

世の中、不思議なもので、打てば響くもので、「開けてびっくりの玉手箱」のような有難い展開となりました。

シチリア市長は、立ち上がったまま、隣の町の市長とシチリアの有志の市民に携帯電話で、翌日のスケジュール調整の依頼の連絡をされました。

そして、我々には、「翌日朝から午後まで海の見える山の上の白い石壁の迎賓館で隣市の市長と2つの市の市民の有志を集めて、急遽、特産品のマルシェを開催する手配をした。日本の上天草から来た訪問者に見てもらいたいので、スケジュール調整をするようにお願いしたい。」と頼まれました。

② 訪問2日目・シチリア市長の主催のマルシェ

翌日、早朝から、市長は我々を市内の世界遺産のオリーブの森に案内し、その後10時頃から山の上の映画に出てくるようなギリシャの白壁の大きな迎賓館まで案内していただきました。隣町の市長と2名で我々日本人のためだけに、約50人の市民の有志が建物の中にオシャレなブースを商品ごとに作って、市長と隣市の市長が、全ブースを案内して下さいました。オリーブオイル、ワイン、お菓子、ケーキ、海産物、アイスクリーム、陶磁器、工芸品などシチリアの代表的産物を生産者がブースを出して、各ブースで特産物の提案と説明をしていただいた次第です。

シチリア市長は私に、印象はどうですかと尋ねました。

私からはシチリア市民の方々、メーカーの方々の印象も良く、物産品も日本人の嗜好に合うのでシチリアからの輸入も上天草からの輸出も、すぐに開始可能で50名程度の観光ツアー交流も可能であると伝えました。

迎賓館で食事を一緒に済ませた後、市長は携帯電話を取り出してマスコミ関係者と市内の大手食品メーカー企業に電話をされていました。

電話の後、シチリアの市長からは、「今から市内のメーカーを案内したいこと、そして、３日目の明日午前中は、イタリアの全国ネット新聞社３社とテレビ局２社に市役所のプレスルームに来てもらうよう、そして明日は午前中に１時間ほどプレスリリースを一緒に行いたい。」とのことでした。

嬉しい申し入れであり、喜んで承諾しました。

▲イタリア・シチリアの地中海料理

③　訪問３日目のイタリア・プレスリリース

翌日のプレスでは、市長より我々視察団の訪問目的、３日間の活動内容、成果、今後の方針もマスコミに正式に説明されました。

シチリア市長の発言の内容は次のとおりでした。

「日本から友人の方々が訪問して下さった。３日間を通して、これからの両市の関係が素晴らしく発展性のあるものに感じられた。

上天草市の日本視察団が市役所を来訪して、市長代理、総務部長、市議会議長によって迎え入れられた。

総務省ふるさと財団・地域再生マネージャー、上天草市役所から市長代理の職員2名と民間の観光関連の販売業者の視察団は、まず、市役所内の1階にある大劇場を視察した。

その後、場所を移し、今後の両市間の産業・観光交流を具体的に進めることができた。つまり、この2つの重要な事業交流によって、相互の地域活性化を促進する表明をした。

上天草市はたくさんの島が連なって構成されている日本の楽園群島である。現在、上天草市では〝地中海〟をイメージした観光地開発に取り組んでおり、そこで取り扱う輸入商品としてオリーブオイル、ワイン、アーモンドなど私たちの地域の特産物・特産品を予定している。

そして、上天草市の彼らの地域の材料を使ったシチリア料理の再現などを計画している。そのため、今回の視察団の重要な任務の1つはシチリア料理を知り学ぶこと、そしてシチリア特産物の生産者を訪問することである。大変、興味深く、奥深いこの会談は、来年2015年の秋にさらなる訪問を約束した。

日本視察団と我々の関係者が今まで以上に、より簡単に連絡しあえる関係を保ち、次の会談では上天草市とシチリアとの姉妹都市提携・契約の書面に署名する約束で終わった。」

④　シチリア訪問の成果

●２０１３年11月のシチリアの市役所で市三役の表敬訪問を行い、シチリアの市長は、上天草市と姉妹都市提携を行いたいことを正式に報道各社・プレスに表明されました*。
　時期などについては意見交換をした上で、上天草市との姉妹都市提携を行いたいとのことでした。
●会見当初は、シチリアの市長はアジアの国との交流には興味がないということでした。
　上天草市のプレゼンをご覧になり、和風文化の良さと有明海の美しさ、里山の綺麗さを見

＊　シチリアから世界に発信
　右記の内容は当日のテレビ局２社のニュースで放映され、翌日の新聞３紙で掲載されました。

　日本に帰国後、すぐに訪問参加の市民２名と市役所職員２名と一緒に、市長室で川端市長と会見して写真をお見せしながら報告を行いました。

　市長からは、主管課課長に12月議会までに議会に報告するように指示されました。

　翌年も同時期に上天草市民と市役所職員とシチリアの市役所を公式訪問して地中海化イメージ創出の進捗状況とシチリアの市との姉妹都市提携に向けての活動状況など説明、信頼関係の構築に努めました。

　前年同様にテレビ局・新聞社は上天草市・訪問団との姉妹都市提携に向けた国際交流を大きく報道しました（次ページ参照）。

アグリジェント市訪問に関する掲載記事

AGRIGENTOWEB

HOME ULTIME NOTIZIE AGRIGENTO POLITICA CRONACA SPORT E

La città giapponese di Kamiamaku
prodotti tipici di Agrigento

Registrati ora per l'offerta di €75

Una delegazione giapponese della città di Kamiamakusa è stata ricevuta questa mattina al Palazzo di Città dal Segretario Generale dell'Ente Raimondo Liotta, in rappresentanza del Commissario Giammanco, assente per motivi istituzionali, e dal Presidente del Consiglio comunale Carmelo Settembrino.

Il gruppo giapponese, composto dal Ministro degli Affari Internazionali e delle Comunicazioni del Giappone, dal vice Sindaco e dall'Assessore al turismo del comune di Kamiamakusa e da alcuni imprenditori del settore turistico e della ricettività della località nipponica, è stato prima guidato ad una visita al Teatro Pirandello ed in seguito accolto, formalmente, a Palazzo dei Giganti dove ha esposto i motivi della sua presenza ad Agrigento e manifestato la necessità di avviare, delle relazioni sia commerciali che turistiche tra la nostra città e quella giapponese per incrementare quest due importanti settori, di reciproco interesse imprenditoriale.

Nella città di Kamiamakusa, situata su di un'isola appartenente ad uno dei numerosi e paradisiaci arcipelaghi del Giappone, è in atto la realizzazione di un imponente progetto che vede, tra l'altro, la realizzazione di un centro commerciale e ricettivo, con una ampia sezione dedicata alla cultura "mediterranea" con negozi che venderanno anche prodotti alimentari tipici della nostra zona, come olio, vino, mandorle e prepareranno una cucina agrigentina infarcita con elementi della gastronomia giapponese. Lo specifico interesse della delegazione nipponica è quello di contattare i produttori locali ed i ristoratori per potere importare i nostri prodotti ed acquisire le tecniche della ristorazione tipica agrigentina.

Interessantissimo e proficuo incontro conclusosi con la promessa di organizzare una ulteriore visita per il prossimo autunno 2015 nella quale attivare una fattiva azione tra le due città, facilitando i contatti tra la prossima delegazione giapponese e gli operatori della nostra città e formalizzando tale relazione siglando un patto di gemellaggio tra le città di Kamiamakusa ed Agrigento.

ANAビジネスクラス
年末年始の東京・大阪行き、€2,299～ 11月17日までの限定販売！

（日本語訳）

上天草市の日本視察団が今朝市役所を訪問し、総務部長のRaimondo Liotta、市長代理Gmmanco、市議会議長Carmelo Sttembrinoによって出迎えられた。

総務省地域再生マネージャー、上天草市役所から市長代理と観光課職員、そして民間の観光関連販売事業者からなる視察団は、まず市役所の下にあるPirandello劇場を視察し、その後場所を移し、今後の両都市間の産業・観光交流を具体的に進める、つまりこの2つの重要な事業交流によって、相互の地域活性化を促進する表明をした。

上天草市はたくさんの島が連なって構成されている日本の楽園群島である。現在、上天草市では“地中海”をイメージした観光地開発に取り組んでおり、そこで取り扱う輸入商品としてオリーブ、ワイン、アーモンドなど私たちの地域の特産物・特産品を予定している。そして彼らの地域の材料を使ったシチリア料理の再現などを計画している。そのため今回の視察団の重要な任務の1つはアグリジェント料理を知り学ぶこと、そしてシチリア特産物の生産者を訪問することである。

大変興味深く奥深いこの会談は、来年2015年の秋にさらなる訪問を約束し、日本視察団と我々の関係者が今まで以上により簡単に連絡しあえる関係を保ち、次の会談では上天草市とアグリジェントとの間に姉妹都市契約の協定に署名する約束で終わった。

てオリーブ農園もあることも確かめて驚かれ、急遽、交流を開始しようと立ち上がって叫ばれました。

●シチリアの市長は、初面談の２日目に我々を迎賓館に招待して、シチリアの市民によるシチリア産品のマルシェを開催すべく指示されました。

●翌日はシチリアの市役所の迎賓館でシチリア産品の生産者50名によるマルシェが開催されて隣市の市長も呼ばれて大歓迎していただきました。

●オリーブオイル、アーモンド、ワイン、市街地、および海沿いのリゾート地域の見学確認を行いました。

●シチリアの市長の提案で、マルシェの翌日は報道関係者を呼んで約２時間の報道発表（プレスリリース）となりました。

現地のテレビ局２社で放映されて、現地の新聞に掲載されました。

Ｗｅｂメディアでも写真入りで「日本の上天草市が総務省関係者とシチリアを訪問してきた。シチリアの市としては姉妹都市の提携を行う旨の申し入れを行った。」という内容が大きく掲載されました。

●ふるさと財団の２０１３年度の事業報告会では、ふるさと財団の課長から、「上天草市の国際交流はすごいですね。訪問前は、少し心配をしていました。」と喜びの声がありました。

▲シチリア・ワインと海鮮パスタ

ふるさと財団の２０１３年度報告会では、全国の市町村関係者の前で、シチリア訪問団の成果も含めて時系列でノウハウも含めて発表しました。

●２０１４年11月の２回目の市長室での公式な会見の場で、シチリアの市長からは姉妹都市提携は２０１５年5月以降に締結を結ぶことが可能と好意的な正式のコメントをいただきました。

●シチリアとの産業交流、観光交流開始のためのシチリア市産品の発掘ができました。

●シチリアの市と上天草市で50名のツアー交流の提案をいただきました。

●上天草市企業によるシチリア産品の導入、輸入開始によるヒト・モノ・カネ・夢・情報・ブランドの交流開始を目的に協議しました。

　上天草市の地中海イメージの創出による観光振興とそれに伴う友好都市提携につなげていく夢の懸け橋の

構築に成功しました*。

●地域のＧＤＰ（域内総生産）を増加して、市民の年収の底上げを図りました。

●翌年も同様に市役所職員2名と市内企業幹部と訪問して姉妹都市提携の詳細を詰め、翌々年も現地市長より招請を受けました。

●シチリアの市のオリーブオイル農家を紹介してもらいオリーブオイルの見本を持ち帰り、上天草市民にプレゼンしました。

結果、すぐに上天草市の有志の市民がオリーブオイル２０００本の初輸入の契約を締結されました。輸入の物流の仕組みづくりと販売開始の支援を行いました。

＊　上天草市の市内で規模一番の観光ホテル代表者の大御所は次のような話をされていました。
「約50年前の天草五橋の開通の時は学生時代だった。大学生活をしていた頃に、父親より呼び戻された。そして、温泉ホテル開業のために料理学校で修業して温泉ホテルを開業した。

そして、今回の地中海構想は、よそ者（地域再生マネージャー）による、それ以来の観光の大構想で途轍もない話で驚いている。まさに、夢の懸け橋だ。」と評価していただきました。

❖地中海のスローライフ・スローフードとイタリアのブランド文化

仕事の成果以外にも、イタリアの最北部、中部のアマルフィー、ナポリ、最南部の各地で、現地で友人になったイタリア人から毎日お昼前から3時頃まで歓談をしながらスローフードの昼食でおもてなしを受けました。

海辺の高級ヨットハーバーのリゾート地で食事会などにも招待されて、現地の本物のスローフード、スローライフの体験もできて、ラテン系の方々の思考方法や生活、仕事の楽しみ方も理解できました。

また、本物志向のリゾートライフを思考し始める良いきっかけとなり、日本各地での地方創生事業を明るく楽しく展開するノウハウも学べました。

21世紀の人生の楽しみ方はヨーロッパのラテン系の国々に学ぶべきと感じます。日本人も江戸時代末期まではラテン系の感性だったと思います。

欧州で日本人が最も相性の良いのはイタリア人と思われます。背丈も同じくらいで、職人文化で感性も似ています。食事も新鮮な食材を好む点も似ていますし、世界遺産の2大料理は、地中海料理（イタリア料理）と和食（日本食）です。

また、イタリアの生活雑貨品や服飾衣料品のブランドの世界は職人文化の象徴でもあり、日本人の感性に合致しています。

これからの日本の地方創生はイタリアの文化、グルメ、歴史、産業の付加価値を吸収していくことが重要と思われます。

❖弓ヶ浜オリーブ公園でスローフードの食事会を開催

シートラスト・嶋田理事長から、「弓ヶ浜で地中海料理のスローフード会を開催しましょう。」という提案がありました。

▲イタリアでの発祥地のピザ店のピザ

平成27年夏に市内ナンバーワンの風光明媚な弓ヶ浜海岸オリーブ園で約30名でスローフード食事会を9時間にわたって満喫をしました。まさに、地中海で経験したスローフード食事会を思い起こし、再現して楽しく過ごした次第です。

シチリアのワインも含めて各種有名ワインの飲み比べも行い楽しく過ごして、途中で退席された方はおられませんでした。ファーストフード時代は終わり、スローフードとスローライフ

▲上天草市の弓ヶ浜オリーブランド
スローフード・スローライフを初開催（市長、市民が参加）

の時代の到来です。

観光も街づくりも、いわゆる「今だけ、ここだけ、あなただけ」の本音の時代が観光にも及んできたと感じています。

上天草市*の地中海化は、弓ヶ浜海岸の開発による同市の地中海化イメージの創出と国際的観光再生の成否が鍵を握っていると思われます。

3 地域での人脈づくり

総務省・地域自立応援課・元課長の牧慎太郎さん（当時・熊本副市長）と上天草市・川端市長（当時）との上天草市で登山の途中に、尊敬する牧さんから、「小島さんは、1年の短期間にもかかわらず市役所と市民の方々と、本音の付き合いを上手くされていますね。」とお話をいただきました。

地域住民を中心に人脈を広げることが重要です。信頼関係も構築できて地に足の着いた事業になります。事業後も地域に出入りできるのは地域住民との信頼関係があるからです。

地域の中では市町村長の役割、権限は大統領制の大統領のように大きいものです。地方創生で協働する市町村の職員が市町村長に気兼ねなく地方創生事業に打ち込めて事業をスムーズに進めるためには、よそ者の外部人材専門家アドバイザーの市町村長への事業戦略、出口戦略などの説明が必須です。

ただ、「すべての地域の方々と八方美人的に付き合うと、上手くいかないことも事実です。相

＊（上天草市の概要と地域再生事業内容）

■上天草市は平成16年の大合併で４町が合併。

■人口：２万７５０９名（平成30年）

■川端市長は平成19年に就任、最初の１期目で財政再建に成功。

■平成23年２期目から経済振興に軸足シフト。

■平成24年から総務省ふるさと財団・地域再生マネージャー事業開始。

■地域再生マネージャー事業内容

（Ⅰ　国際的６次産業創出、Ⅱ　国際的・観光再生、Ⅲ　地域人材育成）

〔図表４－１〕　熊本県上天草市での活性化

・熊本県上天草市の地域再生マネージャー
・国際的６次産業による観光振興、国際交流
・人材育成塾
・上天草市・川端市長（当時）と総務省・牧元課長と登山

▲上天草市での登山：上天草市・川端市長（当時）と総務省・牧元課長とともに

手によって距離感を計り、一生、付き合える方々と組んで、事業を絞り込んで、新規事業を組んでいくことが大事。」と信じて、実行しています。

4 これからの観光とグルメ戦略

観光は「インバウンド対策」と「宿泊型観光」の対応がポイントです。宿泊型観光客は地域内での消費金額は、日帰り観光客の10倍となります。地域内に宿泊してもらえるように、若者や本物志向の女性に宿泊していただける宿泊施設の整備が重要となります。

全国の他の地域で話題になっている

イベントをマネしても無意味です。それぞれの地域がその特色を最大限に活かしてオンリーワンの地域再生事業を行うことが重要です。観光とは新規の企画力そのものを求められる事業で、観光客の目は本物志向で肥えています。極端に言えば、観光のトップは新規のクリエイティブな感覚と感性を求められる時代になってきております。

5　海外への視野拡大も必要

これからの地域再生では、街の地域活性化全体が、国内のみならず海外にもストーリーをもって繋がっていることが必要です。地域創生、地域再生は、個々の市町村の特徴を活かして各市町村がその恵まれた固有の地域資源を発掘して磨き上げるべきです。他の市町村の成功例を真似しても意味がなく、既製品でなく、個々の市町村の特性を活かした地域再生事業を展開すべきです。

第１段階として、国内の大都市からのヒト・モノ・カネ・夢・ブランド・情報の循環を行い、地域住民に夢、ブランド、情熱を持っていただくことに成功することです。

第２段階として、海外に対しても発信を行い、海外から地域にヒト・モノ・カネ・夢・ブランド・情報を呼び込むことが必要です。

考え方と方法は同じで難しいことはなく、積極的に海外からヒト・モノ・カネ・夢・ブランド・情報を循環させる仕組みを作っていくことが重要です。

舞鶴市、上天草市、宮津市で実施したように、積極的に海外に仕掛けていくことが重要です。インバウンドのような受け身の状況でなく、日本の個々の市町村が海外に仕掛けて、ヒト・モノ・カネ・夢・ブランド・情報、そして訪日観光客も含めて呼び込む仕組みづくりを行うことが欠かせません。

重ねて言いますが、これからの地方創生に求められるものは、海外との取り組みによるヒト・モノ・カネ・夢・ブランドの呼び込みです。

6 観光振興における国際戦略

❖日本初の国際クルーズ・セミナー開催と国際クルーズ誘致

舞鶴市民から、「日本初の国際クルーズのセミナーに参加して感動した。ぜひ、国際クルーズを舞鶴港に呼び込んでほしい。」と称賛の声がありました。

▲飛鳥Ⅱ

▲パンスターフェリー（韓国）

①　国際クルーズ・セミナーと国際クルーズ

総務省ふるさと財団・地域再生マネージャーとして舞鶴市で日本初の国際クルーズ・セミナーの開催実施、日本初の国際クルーズ誘致を実現しました。

次に述べるのは、舞鶴市民を対象に日本初のランチ・クルーズ、ディナー・クルーズを開催した内容の事例です。

日本初の国際クルーズ・セミナー開催と国際クルーズ誘致に成功しました。観光客を地域に一度に大量に地域に呼び込むために、海外の有名な国際クルーズ船を日本初で舞鶴港への誘致に成功しました。

平成18年度に舞鶴市主催で、京都府山田啓二知事、舞鶴市長、国際クルーズ企業の役員、大阪府立大学の池田良穂教授（国交省のクルーズ委員）をお呼びしました。

国際クルーズのセミナー開催、国際クルーズ船の誘致、市民による近郊クルーズ実施（ランチ・クルーズ、ディナー・クルーズ）を日本で初めて実施しました。

国際クルーズ・セミナーは目新しく、市民の方々には大評判でした。

国際クルーズ・セミナー開催の後すぐに、舞鶴市民向けに300人の席を確保して、抽選で、ランチ・クルーズ、ディナー・クルーズを実施、舞鶴市民に公募で、日本初の国際クルーズ乗船イベントを行いました。

② 国際クルーズは成長余力が大

平成18年の日本初の舞鶴市での国際クルーズ・セミナー開催から11年後の平成29年度の国際クルーズの日本への寄港数は2765隻（前年比37％増）です。

国際クルーズ旅客数も急増の253万人（対前年比27・2％増）となり過去最高です。寄港地での1人当たりの消費金額は2万円と推定して約500億円です。

その後、東南アジアに観光都市と舞鶴を結ぶ国際クルーズ船誘致なども行っています。毎年、舞鶴港では誘致クルーズが増える一方です。

今では舞鶴市は国際クルーズ先進都市になっています。

日本初の舞鶴への国際クルーズ誘致から11年後の平成29年の舞鶴港への国際クルーズには約50隻となり、1隻当たり約3000人が乗船して舞鶴港に寄港します。

1人当たり、約2万円を消費しますので、6000万円が地域の収入となります。舞鶴地域の周辺は週1回の入船で年間50回、1年間合計で約30億円の経済効果、そして収入となります。まさに宝船です。

舞鶴市が国際クルーズ船の初セミナー、初誘致の効果が倍々増で拡大してきたことは感無量のものがあります。国際観光クルーズの誘致の提案を実施した理由は次のとおりです。

私が海外駐在時の２０００年前後から、米国ではニューヨークからフロリダまで飛行機で行き、フロリダ周辺の海で、国際クルーズ船に1週間、乗船してフルコースの食事食べ放題、飲み放題、映画など娯楽付きで合計10万円の料金の国際クルーズが登場してきていました。

1週間で10万円の費用といえば、日本なら関西から北海道までスキーに行って滞在しただけでもかかる費用ですので、フロリダ周辺の短期間の国際クルーズのツアーは割安と感じたものです。

③　1990年代までの世界一周クルーズ中心時代の業界規模

1990年代のクルーズ業界全体の売上げ規模は世界全体で約３０００億円程度でした。私が２００５年に舞鶴市に着任した当時の調査では、すでに3兆円規模に拡大していました。

5年ほどでクルーズ業界の売上げが10倍の3兆円に拡大したのは、当時フロリダで1週間、フルコース食事付き、娯楽設備付きで、約10万円程度の費用の国際クルーズが台頭して、大ヒットしたからです。

東南アジアにも短期間のクルーズ船は来ていなかったので、アジア、そして、日本初の舞鶴市で国際クルーズ・セミナー開催を行い、セミナー後、すぐに日本初の国際クルーズ船を舞鶴港に誘致したわけです。

舞鶴港の水深は、海軍の軍港に選ばれただけあって日本海で一番深く、短期型の大型クルーズ船の誘致に向いていることも発想した理由でした。

平成18年度に舞鶴港に日本初の国際クルーズの誘致を開始しました。

それまで国際クルーズによるインバウンドは見受けられなかったのが、平成29年度のインバウンドは2869万人と急拡大中です。

④ 国際クルーズでの課題

課題としては、関西の国際クルーズ船の主要港の舞鶴港でインバウンド客を通過客でなく、舞鶴市内でオカネを使ってもらうことの重要性を認識してもらうことが大事です。

プロジェクトについて、勉強会「東八塾」の志摩塾長と具体的な協議を行い、各業種のお店が有効に機能するための構想を練っています。

従来から、保守的な地域では、都会から地域に高速道路が繋がると、バキューム現象が発生し、地域から都会にヒト・モノ・カネが吸い上げられるという心配がありましたが、実際は逆です。

国際クルーズに対しても、同様の不安があったようです。

実際には、クルーズ船の寄港地と高速道路の繋がりは、地域にとって、大きなチャンスです。前向きに仕組みづくり、課題の対応策を実行して、大儲けできるチャンスとして歓迎すべきです。

▲コスタ・ビクトリア　舞鶴市

❖国際フェリーの誘致

日本海側の国際港は関西では舞鶴港のみです。京阪神の企業のアジア諸国向けの国際物流貨物は、日本海側では舞鶴港から輸出するのが一番料金も安く、舞鶴港は競争力がありました。ただ、スピードの点では、航空便に負けていました。

そこで、私は神戸港に来ている韓国フェリー会社・パンスター社の神戸事務所を訪問して、舞鶴港と韓国プサン港の国際フェリー航路の開設のお願いをしました。すぐに、パンスター社の日本法人の代表者が舞鶴港に視察調査に来て、プサン港と舞鶴港を結ぶ国際フェリー就航を実現することができました。

日本海側の舞鶴港から韓国の国際港のプサン港（プサン港経由で欧州、米国に直航可能）に国際航路を設定することは航空便と到着時間は変わりなく、料金が3分の1以下になることがわかりました。

舞鶴港に到着した国際貨物を、その日の内に舞鶴港で国際フェリー船に船積みして、プサン港に到着次第、その日に沖合で、輸入通関を済ませて、その日に陸揚げする仕組みを構築したのです。結果的に、舞鶴港の物流は大幅に増えて、伸び率は関西地区では抜きん出て大きくなりました。

7　インバウンドと滞在型観光

①　観光活性化のポイント

観光の活性化のポイントは地域外への発信を積極的に行うことです。地域外の観光客をいかに多く誘致するかがポイントになります。

これからの観光活性化は地域外の観光客を呼び込むためには、都会から本物志向の女性観光客の誘致、インバウンドの増加政策、滞在型の宿泊客の増加を図ることが重要です。

九州の観光都市の市役所の資料では日帰りの観光客の１人当たり・１日の消費金額は、平均１５００円程度です。一方、宿泊客１人当たり・１日の消費金額は約１万５０００円と10倍となります。

周辺地域の中で、いかに宿泊地域として魅力を出すかが最大の課題です。宿泊地域でない地域は、宿泊地域から、日帰りか、素通りされるだけで、ヒト・モノ・カネが地域に消費されないことになります。

これからの時代は、企業誘致も大事ですが、それに加えてホテル誘致を積極的に行うことも必要です。今後5年間の観光は、インバウンド（訪日外国人観光客）の取り込みと、地域を宿泊型観光地にすることがポイントだからです。いかに滞在型の観光客を増やすかが地域の豊かさの実現に繫がります。

②　インバウンド（外国人訪日客）の目標は1億人

インバウンド（外国人訪日客）は、２０１７年は２８６９万人となり大騒ぎをしていますが、これでも、あまりにも少ない人数と感じています。10年ほど前から、フランスはパリだけでも年間・約８０００万人の外国人観光客が訪れています。日本全体が、フランス・パリの外国人観光客の４分の１では少なすぎます。

日本の京都とパリは、どう見ても観光都市としては同格ですが、パリのほうが10倍以上の外国人観光客が訪れていることを考えれば一目瞭然です。私は、日本のインバウンドは約1億人、京都だけで、約８０００万人になることが可能と感じています。

産業立国の次は観光立国ということを目標に、日本政府と市町村が本気に取り組めば十分に可能な目標と思われます。そのためには、まず、地域では、観光魅力づくりと滞在型の宿泊先の確保が重要です。

都会からの若者観光客、本物志向の女性観光客、外国人観光客が泊まれるような小綺麗で清潔な旅館などの宿泊先の増加を図る仕組みが重要です。真の意味で日本を観光立国にするためには地域の温泉宿、ホテルの専業者に対する支援も必要と思われます。

特に、地域の中で大自然、パワースポット、神秘性のある場所の宿泊施設については優先的に支援を行う必要があります。インバウンドは、大自然のパワースポット、動物、花、神秘性を優先して訪問したいといいます。

③ 民泊の課題

民泊についての政策は、仲介業者の整備と連続滞在日数の制限緩和などが課題となります。ただ、民泊は日本人の国民性からすると限界があり、民泊の先進国であるフランスなどの問題発生例などを十分に研究した上で進めるべきと考えます。

個室マンションを無断で民泊に又貸しして個室犯罪が起こっています。

民泊よりも日本の地域が本格的な観光立国を目指すためには、地域の既存の宿泊業者（地域のホテル、旅館など）の再生ならびに活性化と新設宿泊設備への投資に支援が必要な時期です。大型ホテルなどの誘致も必要で効果的です。

8　日本酒の初の直接輸出の支援

舞鶴市内の勉強会で日本酒の蔵元の若手オーナーから、「日本酒を海外に直接、輸出を行いたいので海外に同行して支援してほしい。」という要請がありました。

次に紹介するのは、日本初の海外市場に日本酒の蔵元を案内して、直接、輸出した事例です。それまでの業界の慣習は、専門商社経由の間接輸出でした。

平成19年に舞鶴市の勉強会で、京都府の地域の蔵元の酒造会社の若い経営者の方とお話をしていて、ワインが日本に輸入されているので、自社が蔵元の日本酒を輸出して販路拡大をしたいという相談を受けました。

当時は横浜港などの専門輸出業者が日本酒の輸出を一手に引き受けていて、その専門業者の方々が海外のお客と輸出契約をするまで、輸出オファーした自社蔵元のお酒についての情報が入らなかったそうです。

私は20歳代から、ビジネスの基本は、日本国内向け販売と同様に、海外への輸出でも、最終ユーザーの満足度の確認のためにお客様の顔が見えるビジネスを大事に育てていくことを基本にしています。そこで日本酒メーカーの若い経営者から相談を受けた時に、海外に行って最終ユーザーと直接接触すべきだとアドバイスしました。

私は日本酒の直接輸出販売を目的に、一緒に海外市場に行くことを提案して実行しました。翌月に海外出張に同行して500本の輸出成約支援に成功しました。

日本酒の国際化と日本の蔵元による日本酒の海外市場への直接輸出販売の仕組みに火をつけた次第です*。

9 戦略的・姉妹都市提携の活用のすすめ

上天草市の市民の主役から、「どうして、海外の市町村と姉妹都市提携をする必要があるのか？」という質問がありました。

私は次のように答えました。

「これからの時代の国際戦略は、新たな海外の姉妹都市提携を手段として行うべきである。日本の市町村にとって、海外でダイナミックかつ安全に大儲けをするためには、新規事業創出の実現手段として、海外との姉妹都市提携を行い、実行していくことが不可欠である。」

オリーブ事業創出などの例を考えても、数億円単位の利益を出せば、費用対効果を見れば、数百倍のプラス効果が見込めます。従来の姉妹都市提携の活用は、日本と海外の両都市の行政

＊　その後、日本酒の蔵元メーカー経営者で輸出販売について同様の悩みを持っておられた方々が京都の蔵元の経営者から直接輸出販売のお話を聞かれて、海外市場への直接販売を本格的に開始されたようです。

今では日本各地の蔵元酒造メーカーの日本酒銘柄が、欧州でも金賞ラベルを受賞されているところも増えてきています。

私の見る限り、日本酒の純米酒（醸造用アルコールが無添加）は世界に通用するお酒で、どこの国に持って行っても健康食品・酒ブームで人気商品になることは間違いないと確信しています。

例えば、中国大連市の４つ星以上のホテルでは、レストランに日本酒の一升瓶がボトルキープされていました。１本のボトルキープの価格は日本円で５万円以上でした。それでも、高級ワインよりは安くて量が多いので日本酒が人気で品薄ということでした。展示商談会などに頼る輸出販売でなく現地で有力顧客創出の仕組みづくりが必要なことが実証されたものです。

トップの人的な交流によるものがほとんどでした。

今後は、海外の友好都市を日本の市町村の地方創生の手段として、地域住民同士の産業交流、観光振興、国際交流（小学生交流など）を進めていくべきだと考えます。もし、海外に友好的な姉妹都市がない場合は、新規に姉妹都市提携をして、活用していけば良いのです。日本の市町村の出口戦略に相応しい海外の都市を見つけて、戦略的にアプローチすることが重要です。

10 国際的な産・官・学連携による輸出の仕組みづくり
——国際入札会で環境プラント輸出60億円の支援成功

❖海外の姉妹都市の活用

海外の姉妹都市の活用が必要です。現状の姉妹都市の交流は、市町村の役場の幹部同士の交流が主体で、民間交流が実施されていないのが実情です。

姉妹都市の地域住民間や地域の企業間同士の交流を市町村役場が予算計上して支援を行っていくことが大事です。

輸出も儲かりますが、輸入も国内で加工して、ブランド展開していけば、利益面では輸出よりも大きな商圏を築いて大きな利益、雇用を生みます。地域企業と環境改善の事業で輸出・輸入を行うことを基本としています。

付加価値資源を見つけたら、輸出でも輸入でも、仕組みを構築して、市民の主役を見つけて、大きく利益を出してもらい、継続・拡大していけば良いのです。

平成18年に舞鶴市内企業の会長の輸出支援の要請を受けて輸出振興をして、舞鶴市は、文字どおり外貨を稼ぎました。

舞鶴の企業受注

市、友好都市生かし商談支援

地域産業活性化に期待

舞鶴市に工場を置く日立造船メカニカル株式会社（本社・熊本県）がこのほど、中国・大連市の石油コンビナート移転計画の一環で、石油化学製品の中間原料を精製する化学プラント内部設備の受注に成功した。市が長年の友好都市関係を生かして商談を支援。受注額は約十億円という。地元の中小企業に下請けの仕事が回るほか、舞鶴港からのコンテナ輸出も決まり、市は「地域産業と港の活性化が期待できる」としている。

昨年九月、フランスの企業と受注を争っていた同社が市に協力を要請。小島[illegible]・産業振興部や市職員が商談に立ち会うなど支援活動。今月九日、設備全体の建設を請け負う現地企業と契約に至った。市が企業の技術力を海外に売り込むのは昨年七月の浄水器（小阪金属工業）に続いて二例目。

受注したのは、ペットボトルなどの原料になるパラキシレンの製造設備の一部「吸収塔」内の円形トレーとその付属品。トレーは炭素鋼製で不純物を取り除く触媒を載せる役割を持つ。

▲舞鶴市内企業と中国大連市の海水淡水化プラント開発、10億円単位で受注支援に成功。京都新聞提供

舞鶴市内企業の技術力を活用して、舞鶴市の中国の姉妹都市に紹介して、舞鶴市内企業の技術役員と営業役員を国際入札会に案内、交渉をリードして舞鶴市内企業の初の中国への輸出支援に成功しました。

平成18年～21年まで海外都市主催の

国際入札に参加しました。毎年10億円単位の輸出支援成功で合計60億円の輸出支援に成功しました。

舞鶴市の税収効果、舞鶴港の輸出コンテナー業者、港湾業者の収入などの波及効果は約10億円となり、輸出金額60億円に加えて合計約70億円以上の成果となりました。

また、その他に舞鶴では国際クルーズ効果による観光収入も毎年20億円の収入が持続・拡大して出ています。1隻3000人で1人・2万円で合計6000万円で、年間50隻で毎年30億円の経済効果が出ています。

❖姉妹都市提携は「打ち出の小槌」

舞鶴市での1年目の国際入札参加による10億円の輸出支援成功の後、2年目には、私はノウハウを舞鶴市と大連市で仕組みとして構築するために大連市の筆頭副市長と舞鶴市の企業代表者の3人で協議会を立ち上げました。

輸出先の大連市が購買したい商品を舞鶴市の企業代表者が内容を把握して商品開発、製品化して毎年、輸出を継続するものです。

中国大連市副市長が舞鶴市に出張に来られた時に、環境にやさしいゴミ焼却炉発電機の開発を大連市副市長と舞鶴市内企業会長と私と3人で行いました。

開発コンセプトは電気代半分の省エネのごみ焼却炉発電プラントです。約6か月後に完成したところ、国際商談会の案内が来て、前回同様に舞鶴市内企業の販売役員と技術役員と国際商談会に参加し、約10億円のゴミ焼却プラントの国際入札に成功しました。

日本海軍の存在があったので、舞鶴市内には企業、大学、ポリテクカレッジなど高度な技術力の集積があったおかげです。

中国大連市の環境を改善する省エネのプラント機器を中心に、海水淡水化プラントなどを、毎年、10億円単位の輸出契約支援に成功して、地域企業のプラント機器輸出金額が合計約60億円（日本円）になりました。

輸出商品と輸出市場が絞れた段階で、輸出市場の必要商品と要望を把握のために輸出市場のキーパーソンに事情の聴取に行くことです。

市場ニーズや要望の把握ができれば、キーパーソンに供給可能時期を明示して、輸出成約のための最善策のアドバイスを聴いて対応することです。

11 これからの地方創生の国際戦略

国際戦略は比較的、簡単に成果を上げることが可能です。海外市場を開拓するという意味で、日本の市町村にメリットの大きい海外の市町村と戦略的に姉妹都市提携を行うことが最も効果的です。

❖国際戦略は国内戦略の延長

まず、第1段階は、地域は日本の都市圏からヒト・モノ・カネを呼び込んで地域全体のＧＤＰ（域内総生産高）、売上げ、収益を増やすことです。

第2段階として、地域に海外からのヒト・モノ・カネを呼び込むことです。その場合、姉妹都市の地域住民、地域域内企業からヒト・モノ・カネを呼び込むことが最も効果的で持続拡大も可能です。

海外の都市と姉妹都市提携をした市町村がバックについているので、各地方創生事業において海外側とのトラブルもなく、リスクも少なくなります。

1つのイタリア事業で2度（日本円と外国通貨）、稼ぐことが可能です。地域が国内向け事業

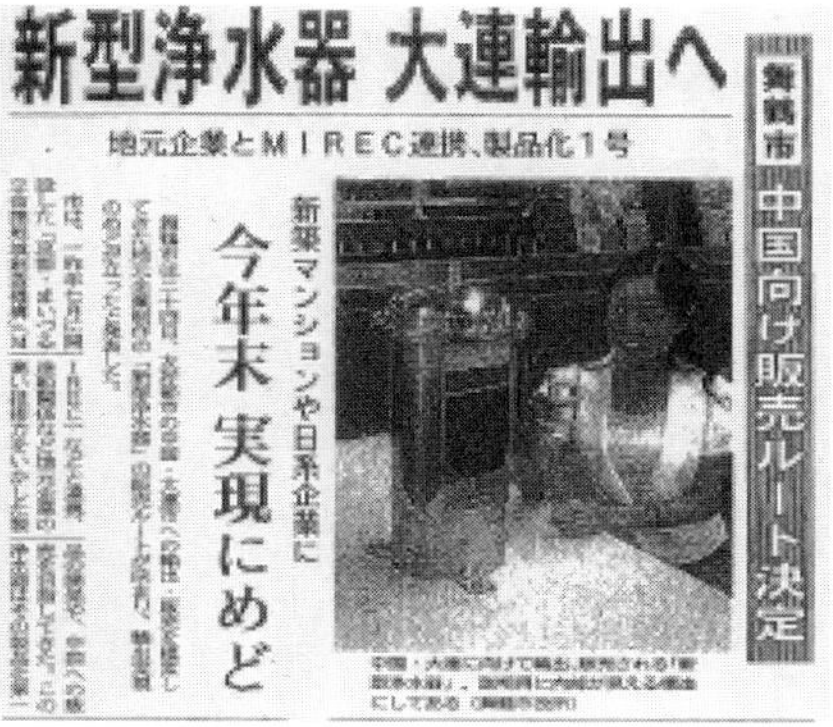

新型浄水器 大連輸出へ

地元企業とＭＩＲＥＣ連携、製品化１号

舞鶴市

中国向け販売ルート決定

新築マンションや日系企業に

今年末 実現にめど

▲宮津市井上市長と意見交換　　▲中国向けの販路創出

で成功の後、海外からも同じ事業方法で2度稼ぐことです。その2つのことを実行すれば、地域のＧＤＰ、売上げ、収益、新規雇用の創出の実現も可能となり、地域のブランド価値が大幅に増大します。

具体的には、自治体、国の外部専門家が主役の市民の支援を行い、新規産業の創出、新規ビジネスの創出、観光振興、中心市街地活性化、過疎地対策、農林水産業振興などの仕組みづくりと雇用創出をしていくことです。

宮津市のオリーブ産業創出事業の国際戦略としては、オリーブオイルの最大の加工産出国であるイタリアとの交流を提案しました。

平成27年に宮津市長と日本のイタリア文化協会会長を初訪問、スカイプによるテレビ会議でイタリアのオリーブオイル協会会長と意見交換、情報交換によるテレビ会議を行いました。その後の提携に繋がっていま

▲中国大連市の国際商談会
舞鶴市内企業と濾過式浄水器を開発して、大連市長と一緒に、生水を飲み、テレビで放映されて販路創出を支援。右手前が筆者。舞鶴市役所提供

す。

❖姉妹都市提携の効用

海外の姉妹都市の活用に成功すれば、観光の発信面でも日本の観光客誘致、インバウンド（外国人観光客）の誘致でも有名になり、圧倒的な存在感となります。

最近の海外観光客の日本滞在時の訪問市町村はインターネット情報、フェイスブック、インスタグラムなどのＳＮＳ情報、個人間の口コミなどの個人的人脈面からの情報が大きく影響を与えています。

各市町村が国際都市になる必要性は大きくなるばかりです。国内の都会や海外からヒト、モノ、カネの循環を実現するためには、自治体、国、市民を巻き込んだ各地域の人材育成が重要となります。

具体的には、江戸時代、明治維新の寺子屋のような少人数を育成する塾、勉強会が各地域で

必要な時代となってきたと思われます。

勉強会の塾長は地域再生支援の実行経験者でヒト、モノ、カネを循環させることを支援してきて具体的な実績を上げている人物で、国際性の高い人物が適任です。

一例をあげれば、地域の文化、芸能に通じている方や、国からの外部専門家人材で実績をあげている人物の中で前記の条件に見合う人物を登用すればよいと思われます。

日本の市町村の海外の都市との姉妹都市提携においては、行政組織の幹部の交流程度の形式的な国際交流に終始しています。

やはり、姉妹都市提携を結んでいる締結先とは市民交流、市内企業製品の輸出入支援などの国際的な産業交流まで進めていくべきです。

左記は実例ですが、柔軟な思考方法で国際的な地方創生を進めると市内企業の収益力アップ、市町村の税収アップ、雇用創出、人口増加まで、大きな波及効果が生まれます。

12 花の国際交流・胡蝶蘭の国際的６次産業

――産・官・学で開発輸入・国内販売の支援に成功

舞鶴市の新規就農者の方から、「海外の農産物を輸入して、日本国内で育成して、販売してい

〔図表4－2〕　舞鶴市時代の活性化　胡蝶蘭

・日本市場における胡蝶蘭の付加価値に注目
・京都府立大学教授（花の遺伝子の権威）と中国農家を訪問

▲中国より輸入対象の「胡蝶蘭」

くことはできないか？」と問い合わせがありました。

私は、産・官・学の力を結集して開発輸入の仕組みづくりと実行をしました。

京都府立大学の佐藤茂教授にお手伝いをしてもらい、海外産地から胡蝶蘭の海外の苗を品種改良して苗の輸入を行い、舞鶴市内に6反の温室をつくり、苗を育成して、胡蝶蘭の花を日本で販売支援した事例*です。

農業の国際的6次産業として、胡蝶蘭の開発輸入の仕組みをプロデュース支援を行いました。

海外農家の苗を佐藤教授を大連市にお連れして品種改良実施の後、胡蝶蘭の苗を1000本単位で数回の輸入実行と日本国内・温室にて栽培育成、販路創出支援に成功したものです。

舞鶴の30歳代前半の農業者を主役として、私が総務省ふるさと財団の地域再生マネージャーの立場で舞鶴市役所、総務省といっしょに、胡蝶蘭の新規産業創出、新規ビジネス創出を行いました。

中国に欧州向けに蘭の苗を販売している大手農家がありました。その中国の農家の蘭の苗の遺伝子の品種改良を行えば日本市場に輸入可能と考えました。

そこで京都府立大学の植物の苗の遺伝子について著名な佐藤教授に相談に伺って、中国の農家に同行してもらい胡蝶蘭の品種改良指導をお願いしました。

そして、品種改良後の胡蝶蘭の苗を舞鶴に輸入しました。

その胡蝶蘭を輸入して、２０００平方メートルの温室2棟を国の補助金で建て、農業者が半年ほどで苗を育て上げて、胡蝶蘭の花を半年、育成して日本市場で販売するプロジェクトとしました。

私が胡蝶蘭に目を向けたのは、胡蝶蘭はかなり付加価値が高く、中国の大手農家の苗を品種改良して、日本に輸入しました。

競争力もあり、販売価格は従来の台湾の胡蝶蘭と同じにすれば、さらに付加価値が高くなるということが発想の原点でした。

＊　この事業の開始前は、胡蝶蘭業界は日本から種を台湾に持ち込み、台湾から日本に苗を再輸入して、温室栽培育成して、日本国内市場に出荷という仕組みが一般的でした。

1本数千円の苗が半年育成で数倍以上の市場価格で販売可能となる仕組みづくりと販路創出まで支援実施しました。1000本単位の開発輸入を行いました。

胡蝶蘭は桁違いの高い付加価値がつくことがポイントです。

舞鶴市民の農業者を主役として、私がプロデューサーになり、舞鶴市役所、総務省、ふるさと財団、京都府立大学が支援して、産・官・学で、胡蝶蘭の新規産業創出、新規ビジネス創出を行うと同時に実行支援も行いました。

中国現地の大手農家に舞鶴市民の農業者、佐藤教授、市役所職員といっしょに、打ち合わせ、確認のために3回以上、海外現地に訪問して打ち合わせを行いました。

1000本単位の開発輸入の仕組みづくりと国内販売の販路支援で、1000万円単位で輸入して、大儲け可能な輸入開発支援を行いました。

国際的6次産業の開発輸入の支援としてのモデルケースになります。

つまり、政策づくりだけでなく、ヒト・モノ・カネ・夢・ブランド・情報を海外から地域にもたらすためには、事業実行の発想時点において、最終の到達目標を描いて、最終目標からの逆算で事業を組み立てることが重要です。

13　大野市のケース

❖赤い糸プロジェクト

大野の街会社を事業主体として大野市と大野商工会議所が協力で地域住民が主役で国際的なブライダル・ビジネスを創出するものです。もちろん、発信のターゲット市場は大都会と海外です。大野の大自然をテーマに街全体の大自然を「恋人たちの聖地」として申請する構想も進めています。

大野市役所のホームページと総務省の地域おこし協力隊の募集欄で、大野市のブライダル産業創出のためのウエディング・プランナー２名を地域起こし協力隊として公募して、市内のブライダル産業を復活・再生させるプロジェクトです。

事業主体の「株式会社　結のまち越前おおの」でウエディング・プランナー２名に常駐していただき、大都会と海外向けにウエディング・ビジネスを発信していく企画です。

地域おこし協力隊は公募時から仕事の内容明記を行うと、地域おこし協力隊員に専門職として着任することが可能となり、事業が成功し終了した後も地域の住民として住み続けてもらい、

▲大野市の雪景色

人口増に繋げることにもなります。

このように目的を明記した専門職の地域おこし協力隊の募集は応募者と地域と地域住民にとっても共存共栄の理想的な「三方よし」の成功が期待できます。

❖街なか温泉・創出プロジェクト、グリーンシティ構想

これからの観光振興で潤う街は「広域型観光」、「宿泊型観光」を実現可能にできる街で、そこには、ヒト・モノ・カネ・ブランド・情報が入ってきます。

商工会議所・青年部の美男美女の歴代会長さん達も参加している勉強会「ダイヤモンド塾」では、国際的な広域型観光で宿泊型観光を先取りすることを実施しています。

その中の究極案件が「街なか温泉・グリーンシティ創出プロジェクト」です。

中心市街地の天空の城の下に温泉を掘り、国際的なリピート観光客の呼び込みを目標に楽しみながら、事業創出、構築を行っていくのです*。

大野市の大自然に囲まれた小京都の雰囲気を残す石畳の街並みに温泉を掘って、観光客に宿泊してもらい、広域観光、宿泊型観光を先取りしていくものです。

大野市の和風文化を伸ばしながら、新たな別個の新規観光事業を創出します。もちろん、優先順位をつけて開始しています。

都会と海外からの観光客に宿泊してもらえる街づくりであることが肝要です。

観光客は、温泉のある街で癒されてお料理の美味しい街に宿泊したいというのが本音でしょう。温泉専門の掘削業者以外の業者を選定すれば費用も下がります。

広域型観光の対策として、福井県最大の観光客の訪問場所である永平寺の観光客の宿泊場所を大野市にする野心的な試みのプロジェクトです。

浴衣を着た観光客に大野市内の小京都の街並みを歩いてもらうと、現在、観光客の少ない夜

＊　日本では、1000メートル掘れば、途中で温泉の水脈に当たるといわれています。温泉専門の掘削業者の工費は、1メートル・10万円が相場で最大1億円の資金が必要です。そこで発想を柔軟にして、他業種の専門業者に掘ってもらえば格安な掘削が可能です。

間まで観光客で賑わうことに繋がります。

大野の街でも、オリーブ産業創出では、イタリア北部の街と姉妹都市締結を視野に入れており、国際的な観光都市を目指していくことを考えています。

大野の大自然を活用した食をベースとした農業振興のオリーブ観光園、キャンプ場、ドッグラン、バーベキュー（大野牛のトンちゃんホルモン、白山の名水でつくるお好み焼き）、「恋人の聖地」など、起爆剤とすべくトライしています。

日帰り観光客の消費金額は1日・約1500円ですが、宿泊型・観光客の1日の消費金額は約1万5000円になり、約10倍になります。

宿泊型観光地を目指すことは重要です。戦略的には米国とイタリアとの姉妹都市提携の民間ベースでの水面下の調整を開始するところです。

14 市町村の国際化における注意点

私は、「地方創生の国際戦略は、日本の市町村は海外の市町村と姉妹都市提携をして推進するのがリスクが小さく、成果も大きく取れる。」と提案しています。

「人に騙されても、人を騙すな」の日本人の美徳は日本人の長所ですが、海外ではリスクが大き過ぎます。

日本の市町村が海外の諸機関と提携する時は海外都市の行政機関と提携をすべきです。日本の市町村が海外の民間団体である社団法人、協会などを公的機関と同様に考えて安易に連携をすることも見受けられます。

日本の市町村の純粋な地方創生の想いが、海外の民間団体の営利本位の利益を稼ぐ手段として利用されることが目立っています。

民間経験のない純粋培養の職員中心で構成される日本の市町村職員と、海外の民間団体では本音の意識が違っていることが多いので、提携、連携する場合は海外の行政機関である市町村と提携、連携することが賢明です。

これからの国際的な地方創生の時代を迎えて気になるところです。

▲イタリア・シチリア島のスローフード・スローライフ

第5章

新しい地方創生
——まとめにかえて

▲福井県大野市・春日神社
「良縁の樹」で日輪さまに遭遇

これからの新しい地方創生としては、従来からある地域の付加価値資源を見つけて、そのまま発信するのではなく、地域の付加価値資源を組み合わせて複合的に「無から有を生む」地方創生を行うことが大事です。

地域のオンリーワンのブランドづくりを行い、魅力を地域外に発信していくことが重要と感じます。

観光振興においても、コト消費、体験型観光、滞在型観光、心の交流を目的に、地域の大自然の付加価値資源を組み合わせた大自然のスペース創出がメインになっていくと思われます。若者、ファミリー層、本物志向の女性観光客も満足する癒しと楽しさを満喫できる大自然の中での体験型観光がリピート観光客増加に繋がると思われます。

人工物の箱モノを作るのではなく、地域の大自然の付加価値資源の発掘、磨き上げ、新規事業創出を行い、地域外に発信して、地域の外部からヒト・モノ・カネ・夢・ブランド・情報を呼び込み、循環していくことが必要です。

やはり、地域内のＧＤＰ（域内総生産）を増加させて、地域住民の所得を底上げして、真の意味で地域を豊かにすることが必要です。

1　地方創生の基本的な考え方と目的を明確にすること

❖成果を出すことの重要性

地方創生はわが国の明治維新・廃藩置県以来の最大の課題の１つであり、従来、大きな成果実績が出ていなかった分野です。

日本が超高齢化社会での人口減少化に対応するには、地方創生を成功させることが必要です。従来、地方創生の成果・実績が出ていなかった最大の原因は、地域において「机上の空論」の政策づくりだけをして、出口戦略の記載もなく実践、実行を怠っていたことであると考えます。

目的意識が希薄だったことに加えて、地方創生の課題の解決に向けた考え方、目標の設定内容、成果の出し方、ノウハウ不足に問題がありました。まさに、「絵に描いた餅」の地方創生が行われてきました。

地方創生の目的は「地域活性化」と「超高齢化社会での人口減少対策」です。地域を本当の意味で豊かにすることです。

地域の大自然を活用した新規事業創出を行って地域の魅力づくりをして、地域の外に発信して、地域の外部から、ヒト、モノ、カネを地域に呼び込むことです。地域ＧＤＰ（域内総生産）を上げて、地域住民の所得を増やし、雇用創出、人口増加を図り、将来に夢と希望を持てるようにすることです。

地域のＧＤＰ（域内総生産）を増加させて、地域全体の収益力を増やして地方創生事業を持続・拡大していくことが重要です。

また、地域外からＩターン者・Ｕターン者などを呼び込み、定住人口を増やすことが可能となります。

❖ヒト・モノ・カネを呼び込むこと

いつも私は、「ヒト・モノ・カネ・夢・ブランド・情報を地域に呼び込むことが大事だ。」と叫んでいます。

従来の地方創生は、地域の中だけの循環を意識した事業が中心で成果が出ていませんでした。地域の外部に対する発信と、外部からの富、利益を呼び込むことのできる発想が大切です。

地域の中だけの事業でも地域の歴史、伝統、文化、技術の次世代への伝承、世代間意識ギャップ解消に繋がるイベントは積極的に行うべきです。

大自然を活用した地方創生の新規事業創出を行い、地域の外部に発信して、地域の外部から富、利益を地域に引き寄せてくることが大事です。

地域の現場に入り、都会、海外向けに新規事業創出を行い、創出した新規事業を都会、海外に発信をすることが必要です。

繰返しになりますが、都会、海外からヒト・モノ・カネ・夢・情報・ブランドを地域に引き寄せるために構想づくりをして、大都会や海外から、地域に富や人材を呼び込むことが重要です。

地方創生のあり方、考え方、成果を出す発想方法、ノウハウなどについて考えることが必要なのです。

地域外から富、利益、人材を地域に呼び寄せることができると、地域のＧＤＰ（域内総生産）を増加させて地域住民の年収の底上げも可能となり、雇用創出、人口増加にも貢献できます。

地域が魅力的になり、地域振興で新規創出した楽しそうな仕事が増えると定住人口も増えます。

Ｉターン者、Ｕターン者の呼び込みにも繋がって地域の繁栄に貢献できます。

交流人口の増加のために観光客を呼び込むことにも繋がります。

地域を真の意味で豊かにすることが可能となるのです。

2　超高齢化社会での人口減少対策

人口減少対策は大きな課題で、次ページの表のような人口推計になっています。重要なことは、人口の転入超過数で東京圏は、2017年は前年よりも11万9779人増加しています。地方圏は、前年より10万5975人の減少となっています。

❖人口減少の対策は出生率2・07人だが

この表の背景としては、日本は1990年頃のバブル崩壊以降、地域の疲弊に輪をかけて地域の人口減少、東京に人口の集中化が進み、日本の国全体がバランスを崩してきています。地域社会の中では高齢化、少子化、中心市街地のシャッター通りなどの問題も目立っています。

2035年頃には、独居老人世帯が全体の15・3%になる予測もされています。現状のまま推移すれば、近い将来、毎年100万人の人口の減少は避けられない状態です。また、2040年頃には、現在ある約1800市町村のうち、896市町村が消滅するとの予測も発表されています。

〔図表５－１〕　日本の人口推計

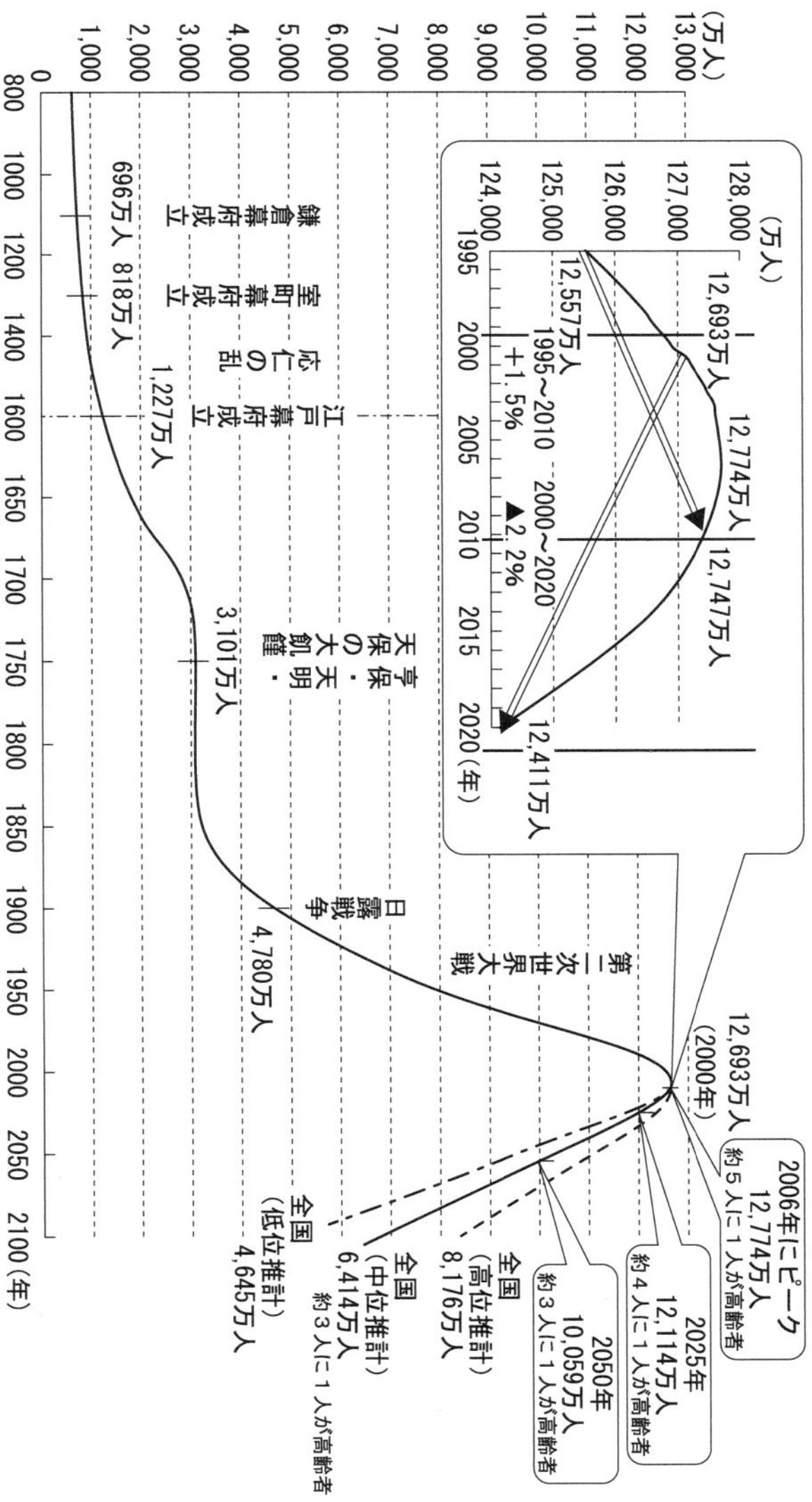

（出典）総務省「国勢調査報告」、同「人口推計年報」、国立社会保障・人口問題研究所「日本の将来推計人口（平成14年１月推計）」、国土庁「日本列島における人口分布変動の長期時系列分析」（1974年）をもとに国土交通省国土計画局作成。

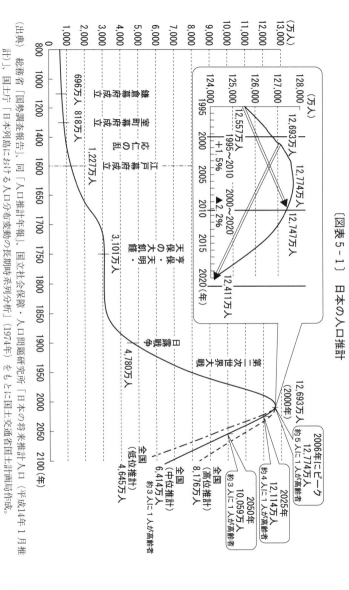

〔図表5－2〕 三大都市圏および地方圏における人口移動

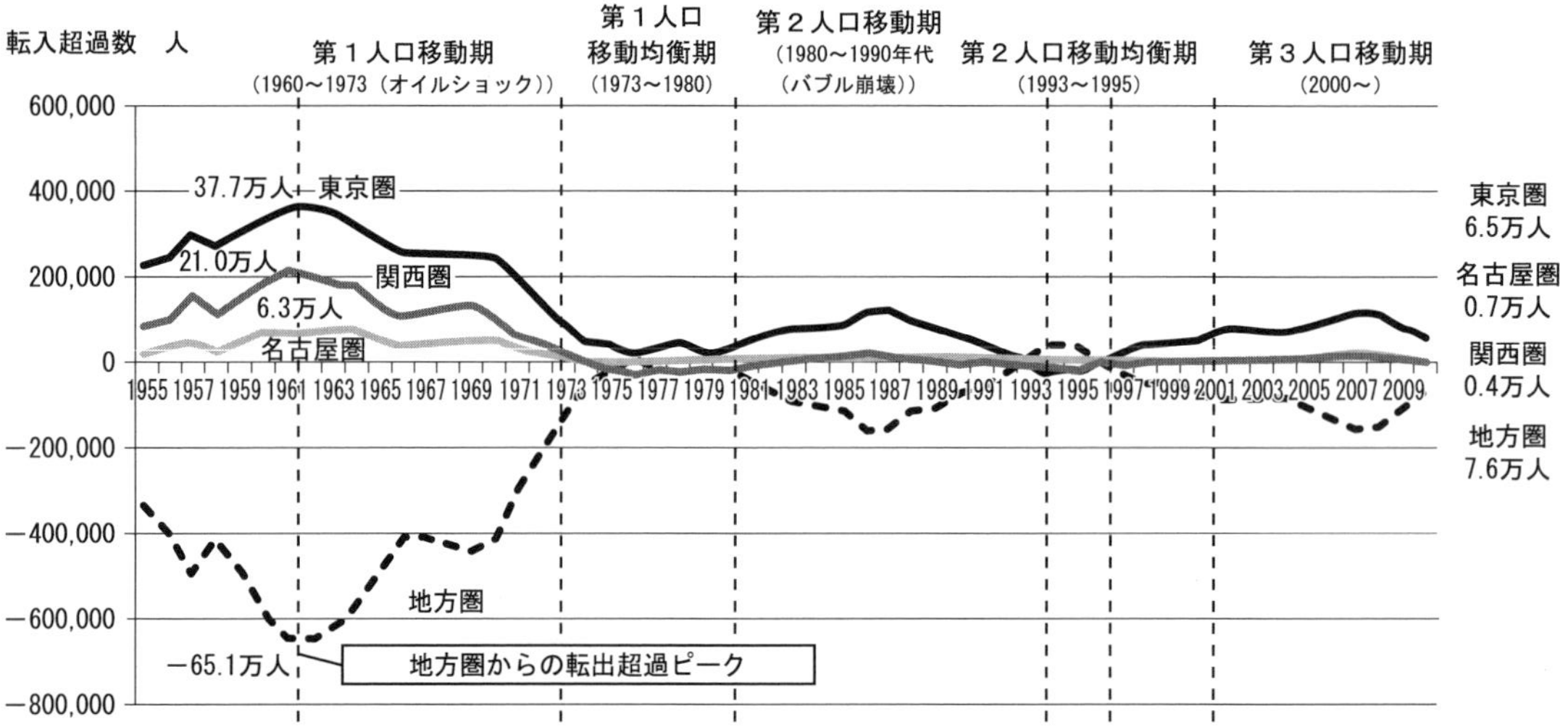

（出典） 総務省「住民基本台帳人口移動報告」
（注） 上記の地域区分は以下の通り。
東京圏：埼玉県、千葉県、東京都、神奈川県。名古屋圏：岐阜県、愛知県、三重県。関西圏：京都府、大阪府、兵庫県、奈良県。三大都市圏：東京圏、名古屋圏、関西圏。地方圏：三大都市圏以外の地域。

〔図表５－３〕　日本の総人口

≪ポイント≫

【平成30年１月１日現在（概算値）】
＜総人口＞　１億2,659万人で、前年同月に比べ減少
▲23万人（▲0.18％）
【平成29年８月１日現在（確定値）】
＜総人口＞　１億2,675万5,000人で、前年同月に比べ減少
▲22万1,000人（▲0.17％）
・15歳未満人口は1,564万2,000人で、前年同月に比べ減少
▲19万1,000人（▲1.21％）
・15～64歳人口は7,605万2,000人で、前年同月に比べ減少
▲59万8,000人（▲0.78％）
・65歳以上人口は3,506万1,000人で、前年同月に比べ増加
56万8,000人（　1.65％）
＜日本人人口＞　１億2,476万9,000人で、前年同月に比べ減少
▲36万6,000人（▲0.29％）

＊総務省統計局資料より

対応策としては現状の日本の出生率１・４１人を、２・０７人に増やすことが必要です。出生率２・０７人が実現すれば日本の人口１億人の維持が可能です。

そのためには保育園・義務教育と大学教育までの無償化などの大胆な改革が必要と思われます。

地域における対応策は地域において新規産業創出を行うことが肝要です。都会からの移住希望者は地域に魅力的な仕事がないから移住できないのです。

つまり、観光振興、国際交流、８次産業などにより付加価値資源を磨き上げてオンリーワンの事業創出を行い、

地域において新規雇用創出を行い、地域の魅力を最大限に上げていくことが重要です。

❖地域の付加価値を磨き上げて魅力度アップ

都会から地域への人口移動が始まると出生率も向上します。より重要な出生数の増加にも繋がります。交流人口の拡大は、地域の魅力度を増すために大自然と地域の付加価値を磨き上げることが大切です。

定住人口の拡大は、Uターン（地域⇓都会⇓地域）、Iターン（都会⇓地域）、Vターン（他地域⇓都会⇓地域）の移住をいかに活発化するかが重要課題です。

本気で取り組むとすれば、地域の住居、仕事・雇用（自治体職員の臨時職員採用）も含めて、総力戦で地域の雇用拡大に取り組むことも必要です。

自治体による子育て支援（義務教育修了までの支援策などの拡充）、新規結婚支援などの一層の充実も大事です。居住先支援などの小手先の一過性の支援では持続拡大は難しいと思われます。各自治体に移住者誘致担当の専任課長が必要と思われます。市町村は、企業誘致と同様に、ふるさと納税・専門課長、Iターン・Uターン呼び込み課長などの専任課長を設置すべきと思われます。

大都会からの移住者の立場になればわかることですが、一生、住み続ける場所を探すのですから、当然魅力ある雇用の受け皿づくりが最重要課題です。

地域の中で「付加価値の高い伝統産業」や「成長余力はあるが、人手が不足している」産業や企業に絞って、「地域おこし協力隊」を公募して、地域の伝統産業を伸ばして雇用を増やすことも効果的です。

移住者の立場から見れば、自治体の大きな関与が必要と思われます。

❖都会からの移住者から見た魅力

地域は都会の住民から見て住んでみたいと思うような総合的な魅力ある街・地域になる努力が必要です。そのためには、地域の国際化も必要です。

有意義で活用できる姉妹都市提携は効果的です。移住希望者は、地域に移住後に、国際性のある地域なら、将来の可能性の選択肢として公私ともに海外との繋がるチャンスと夢の広がりがある地域を希望するからです。

日本全体の人口減少の中で、東京に人口・人材が一極集中する傾向に歯止めを掛け、国全体がバランスのとれた安定成長軌道になることが必要です。

地域の人口減少対応策により、真の意味での地域の豊かさを実現するために地方創生、地域再生の仕組みづくりをすることが重要です。

地域の定住人口を増やすためには、東京、都会からの移住者を受け入れ、働く場所、仕事、雇用を創出することが大前提となります。

起業、店舗経営、新事業開始、雇用の受け皿、育児の支援制度が必要となります。

地方創生は地域の付加価値資源を発掘して磨き上げて、新規事業創出、新規ビジネス創出を図っていくことです。つまり、地域のＧＤＰ（域内総生産）の増加、人口１人当たり平均年収の増加および雇用創出に繋がり、人口減少対策も同時に行うことが可能で、一石二鳥以上の対応策にもなります。

都会の移住希望者からみても、地域の魅力、特性、可能性を確認できて就きたい仕事を見つけて、地域に移住することに繋がります。

❖プロの人材育成、活用を目指して

交流人口、定住人口についても地域の観光の発信力、ブランド力、国際性、魅力を高めることが定住人口、交流人口の増加に繋がります。

地方創生、地域再生は、自治体、市民だけの活動では限界があり難しいので国の力を活用する必要があります。

国の支援は補助金だけでなく外部専門家の人材派遣もあり、資金・人材の両面で地域に支援を行っています。

地域の定住人口の増加、交流人口の増加、地域のＧＤＰ（域内総生産）の増加、地域内の雇用の受け皿の増加、地域住民１人当たりの収入の増加を実現できるかどうかが問題です。域内ＧＤＰを増やすためには、市町村の人事異動の期間を現状の2年～3年でなく5年以上の期間にしてプロの職員の育成を目指すべきです。

福井県鯖江市の人口が拡大中です。鯖江の眼鏡産地が新事業創出で再生して活性化して雇用が増えてきています。全国の市町村の参考例になると思われます。

海外に目を向けると、約20年前にフランスの出生率は１％台でしたが、現在は２％以上に回復しています。

人口政策ではフランスの政策（教育負担の軽減、男性の育児休暇の確保、家族構成人数による所得課税の減額制度など）が有効で実績も出ています。

3 現状の問題点の明確化と改善のポイント

❖手段を目的とした地方創生の手法が問題

地域の現場で行われている地方創生の事業は、本来、「手段」であることを「目的」とした事業が多く見受けられ、成果と実績も出ていない状況です。

観光振興における観光の受け皿会社の設立も本来は「手段」ですが、「目的」の成果・実績として解釈、報告されています。

勉強会の立ち上げも、「手段」ですが、実績・成果の「目的」として報告されています。本来、「手段」である補助金の紹介を「目的」と実績・成果と報告する都道府県のコンサルティングのコーディネーターもいます。

重要なことは、観光振興の受け皿づくりの会社設立も勉強会の立ち上げも「目的」を達成するための「手段」です。

地方創生のコンサルタント、コーディネーターが、「手段」を「目的」として事業の成果・実績を考えているので、いつまで経っても、成果・実績が出ない状況となっています。

❖コンサルタント、コーディネーターの採用基準を厳格に

国の地方創生の各事業の理念、内容は素晴らしいのですが、地方行政の組織の、地域現場で活動するコンサルタント、コーディネーターの採用基準に問題があり成果が出ていません。厳格に審査すべきと考えます。少なくとも、手段を目的とするコーディネーターの採用などは見直すべきと思われます。１年ごとに、実績成果を確認・評価して、採用継続を決めるべきです。

従来の地方創生の売上げは、人件費を経費として算入していない事業の売上げがほとんどでした。

人件費を無視した売上げの赤字事業が大半でした。利益の伴わない行政からの補助金をあてにした地方創生事業は無責任な赤字事業です。付加価値の低い地域振興事業は補助金がなくなれば、事業が継続できなくなります。

利益を伴った売上げで収益を生む地域振興の事業が必要です。補助金がなくなっても自立した事業として継続・拡大できます。

新たな雇用創出、大都会からの移住者の受け入れの基盤となり、地域の税収増になり人口増加にも繋がります。

市民を主役とした地域振興事業自体も持続・拡大できる事業として、地域の新たな大きな産業創出、観光振興、6次産業事業に繋がっていくものなのです。

従来の地方創生は国や行政からの補助金がなくなれば、地域の外部から来ていたコンサルタント等は地域を去り、地域は事業開始前と同様の何もない、「元の木阿弥」の状態となります。地域住民には何も残らず、誰のための事業かわからないのが大きな問題点です。

❖政策には出口戦略を明記し、有言実行で実施

地方創生の事業でも出口戦略のない政策には、国は補助金を付けないほうが良いと思われます。

明治維新で廃藩置県により東京一極主義の進行が始まって以来、地域振興、地域活性化、地域再生、地方創生と名前だけが変わってきましたが、常に実績・成果の伴わない世界でした。コンサルタントが中心になる政策づくりは、「出口戦略のない政策」、「利益の出ない売り上げ」、「実践、実行の欠如」という大きな問題点がありました。

明治維新以来、地方創生事業は「政策づくり」だけを行い、成果と実績の出ない地域振興事業を机上のみで行ってきたからです。

全国共通の特徴のない地域振興事業は、ありきたりで競争力もなく、しかも実践、実行をしないのですから、成果と実績が出るわけがありません。

少なくともコーディネーターについては、都道府県は出口戦略を明確にできる人物を採用条件にすべきです。出口戦略もなく、政策づくりだけで通用する仕事の世界は「絵に描いた餅」の虚業の世界という状態です。

本当の「出口戦略」とは単なる「地域内の売上げ」でなく、「地域外に対する売上げと地域外から利益の確保」と、「将来の持続的拡大戦略のために必要なヒト・モノ・カネの呼び込みを外部から誘導する仕組みづくり」です。

▲上天草市の弓ヶ浜オリーブランド起工式でのメインプレーヤー

学生や若者の方々が、地方創生の基本的な知識と実践ノウハウを吸収して、政策づくりと同時に実践を行えば、感性も豊かなので成果・実績を出すことが可能と考えます。これが、大学での私の講義の目的でもあります。

▲上天草市の弓ヶ浜オリーブランド・プロジェクト
補助金なしの手づくりで実施

❖地方創生は趣味でなく、仕事として取り組むこと

地域住民の中には、地方創生事業を趣味と公言する方もいますが、本来は、仕事、事業の意識で取り組むべきです。なぜなら、地域での地方創生事業は一部の地域住民が趣味感覚で行うと、周囲の地域住民の参画を受け入れる感覚が乏しいので、「絵に描いた餅になるケースが多く見受けられる。」と話をしています。

地方創生は事業感覚でスケジュールを月単位で立案して、期限を決めて取り組むべき事業です。

事業感覚で活動を行えば、他の住民の活動の参画も受け入れるようになり、事業全体のスピード感もアップします。ライフワークとして仕事感覚で行う地方創生は大丈夫です。

市役所が地域内の活性化事業の市民の主役を見つける時は、趣味で行うグループでなく、事業、仕事として行うグループを見つけて支援していくべきです。

趣味の世界は友人関係中心の活動になるので、自己満足に終始して、地域全体の広い層との協働を受け入れにくくなります。つまり、外部に発信して、地域外部からヒト・モノ・カネを呼び込むことには繋がりません。

やはり、地方創生事業は、地域住民が自由に参加できて、外部に発信してヒト・モノ・カネの循環を促進することが重要です。

❖税金の無駄遣いとなる「一過性の観光イベント」の見直し

①　滞在型、宿泊型観光の実現

一過性のイベントに使う補助金は減額して、仕組みづくりに補助金を有効に使うべきです。

これからの観光振興についてのポイントは、持続拡大の可能な夢のある「宿泊型観光」を実現して、「広域型観光」を実現することです。

大自然をテーマにした体験型観光で地域の魅力を発信することです。観光に関しては、地域の魅力づくりと外部への発信が最重要です。

食の魅力づくり、地域の歴史・文化・技術を学ぶ体験型の「コト発信」も集客効果の実績も見ながら、同時に絡めて行うことが重要です。

外部からのヒト・モノ・カネの呼び込みに加えて、未来に向けて新たな歴史と文化と観光事業を創出して地域住民には夢を持ってもらうことです。

地域外の人々に地域の魅力に興味を持ってもらい、リピーター観光客として友人や家族と、再度、地域に訪れていただくことにもなります。

② 観光振興は明るく、そして楽しく

華のない観光は、リピーター客を生みません。

実際、平成29年のゴールデンウィークの舞鶴市への観光客の集客場所は、「赤れんがパーク」、「舞鶴とれとれセンター」の明るく楽しい場所が中心となっています。リピーター客を呼ぶ明るくて楽しい観光振興の発想が必要です。交流人口の増加にも繋がっていきます。

商店街の活性化も商店街の理事長、商店主との本音の会話を通して、課題の優先順位を付けて解決や対応策の実行の支援を行うことが大切です。地域の外部の人々に関心と興味を持ってもらい、商店街に回遊して消費を多くしてもらうことが重要です。

商店街には、魅力ある食のお店、レストラン、Ｃａｆｅなどを同業種が集積してオープンすることも必要です。

競争相手というよりも、地域外の観光客から見れば、そば屋さんであれば、そば屋さんが集中して何軒もあるほうが名物の集積地となっているのが魅力的に感じられます。結果的には観

▲上天草市
地中海倶楽部会長が地中海型リゾートマーケット Cafe＆レストランをオープン

光客の絶対数の増加に繋がるからです。

❖観光協会の改革の必要性

今後、日本は観光立国を目指す必要性があり、広域型観光と滞在型観光を実現するためには、観光協会の組織力の強化、独創的な活動が必要です。

滞在型観光と広域型観光の実現への脱皮、改革が必要です。各地の商工会議所の充実ぶりに比べて、観光協会の脆弱さが目立ちます。

観光協会は、市役所の下請け的な観光事業を遂行しているだけでなく、商工会議所の会頭のような実力者、もしくは若く優秀な実務者を会長に据えるなど、世代交代も含め対応していくべきと考えます。

現状の観光協会の活動は、観光案内所の機能遂行に加えて市役所からの予算を配賦されて予算消化のための一過性のイベントで長期的な戦略のない活動が目立ちます。

観光協会を株式会社制度にして、補助金に頼る運営方法でなく魅力的なイベントなどで利益や成果を出して自立できる組織になるように精査する必要もあります。

そのためには、観光振興で毎年の目に見える実績を確認することが必要です。

名誉職的な会長でなく、センスのある有能な若者の観光協会会長が就任できるような会長選出の選挙形式が望ましいと思います。できれば、男性よりも女性のほうが向いていると思われます。

地域の人々と協働で、独自性を前面に出して柔軟な発想のオンリーワンの魅力を発信する体制と仕組みづくりが急務です。商工会議所と観光協会を合体させ、垣根なく総力戦で臨むことも有効です。

❖実践の伴わない政策は不要

従来の地方創生では成果・実績が出なかった原因は政策づくりだけを行い、実践・実行が伴わず成果を出す出口戦略も視野に入れていなかったことです。

地方創生も事業である以上、政策づくりと同時に実践・実行で成果・実績を上げないと意味がありません。

ほとんどの地方創生は、政策づくりだけで、出口戦略を行っていませんでした。従来の地方創生の事業は、新規事業創出の実践・実行もせずに、成果・実績を出すこともなく、終結していました。

また、市町村のコンサルタントも政策づくりだけを行い、政策の中に出口戦略（利益の出し方、観光客の増加策、雇用創出の実現方法、人口増加の方策）について触れていない政策が多かったのが実情です。コンサルタントやコーディネーターは実践・実行をすることもない状態で、当然のごとく、仕事を完了していました。

大手コンサルタント企業も、地方創生の政策づくりでは、従来から地域で行われている事業をテーマとして取り上げて、課題と目標だけを記載した政策づくりをして、具体的な実践、実行のノウハウ、出口戦略については、ほとんど記載していないのが実情です。

行政は、そのようなコンサルタントやコーディネーターを採用の時点で、過去の実績において出口戦略の実績・成果の有無、今後の出口戦略構想の有無などを、もっと厳しく審査すべきです。

採用後の事業の実施段階でも実践・実行を指摘し実績確認をしていくべきです。

経営者的発想ができて、新規事業を創出して、地域外からヒト・モノ・カネを呼び込めるプロデュース力のあるアドバイザーが最適の人物像なのです。

▲大野市
六呂師高原での結婚式

▲大野市
人力車に乗る新婚カップル

❖中心市街地活性化について

① 総力戦の発想の重要性

従来、中心市街地活性化については、街なかの中心部だけを活動範囲、対象範囲として地方創生事業が行われていました。

私の持論は、中心市街地活性化でも地域の郊外の大自然を活用した総力戦でダイナミックな政策づくりの実践・実行を行い、出口戦略の成果・利益を上げる時点で、中心市街地でも成果を出すという発想で行ってきました。

縦割り組織的な狭い発想の地方創生では、実績・成果が出ません。

地域内のすべての資源を総力戦として行い、成果を上げる場所を中心市街地で上げれば良いのです。

中心市街地の活性化も郊外の大自然、農村、漁村を訪問して結果的に中心市街地の活性化につながる場合も多々あります。

地域の大自然の付加価値資源を発掘して、地域内の各箇所で同時に付加価値アップを実現していくと、新規産業創出、６次産業創出、街の魅力ブランド力アップ、観光のブランド商品づくりにも貢献することができます。

中心市街地の活性化で、一番重要なことは商店街全体の収益力が上がって、皆が豊かになることです。街の賑わいをつくることです。

②　継続、拡大可能な方策

観光客や地域外からの中心市街地への訪問者の増加と、中心市街地の個々のお店と全体のお店の売上げを増やすことが大事です。店舗改修、取扱い商品の売れ筋商品、目玉商品の開発、入れ替えを促進し、商店街後継者の確保を行っていくことが重要です。つまり、中心市街地の活性化のポイントはとにかく観光客数を増やすことです。

商店街の観光客の増加を図るためには、真の意味での商店街の魅力アップの対応策を商店街の方々と本音で語り合う必要があります。

地域の商店街の魅力を地域外に発信し、観光客に地域と商店街に足を運んでもらい、買い物、食事をして消費していただくことが大事です。そのためには、各店舗の収益性を上げて、商店街の各店舗が将来に前向きに先行投資を行っていくことが大切です。

もちろん、地域内の活動でも商店街の世代間格差の解消のためのお祭りやイベントは大きな意味で将来の商店街の活性化が上手く進むので効果はあります。地域の外部からヒト、モノ、カネが循環してくる基礎づくりに繋がり、地域再生活動としても有意義なことです。

③ 外部への発信の徹底

各地で趣味の会の発足が商店街のお店と絡ませて行われています。それは、同じ地域の中で楽しむ地域内娯楽であっても、そのことが直接地域の商店街を本質的に強化して商店主の世代交代をスムーズにして商店街の再生実現に繋げることは難しいのが実情です。

趣味の会をバージョンアップして外部に発信できるだけの機能を持たせても、他の各地域にも同様の趣味の会があり、余分な時間と交通費を掛けてまで、観光客として来てもらうことは難しいと思われます。地域内の各店舗が自社の自助努力で機能アップと魅力度アップを地域の外部に発信していくことで商店街の振興に繋がる方向に持っていくことが必要です。

企業自身の努力で外部に発信して成功するケースは自助努力の場合がほとんどです。自助努力で成功された事業会社を観光客の呼び込みに活用することは効果的です。

成功事例としては、舞鶴市で起業したセレクトショップ企業「ウッディーハウス」が自社のブランド力を磨き上げて、ウッディーハウス舞鶴本店に京都・大阪・神戸からお客さんを呼び込んでいます。

現在も、年商15億円企業に急成長中です。５年後は年商50億円を目指している企業です。

舞鶴市役所主催の赤れんがイベント事業で３日間の出展でウッディーハウスだけで８００万円を売り上げて地域外から舞鶴市にお客さんを呼び込んでいます。

▲舞鶴市
赤れんがイベント事業でのウッディーハウス売り場

同社の自助努力によるビジネス波及力を観光振興に活かした成功事例です。

❖「まちづくり会社」の活用

市役所と商工会議所が出資する「まちづくり会社」は有効です。各市町村は市役所と商工会議所の出資による「まちづくり会社」も積極的に活用して、地方創生ビジネス創出、雇用創出していくことも必要です。

各市町村の商工会議所は組織的に完成されており、

▲大野市
　株式会社　結（ゆい）のまち・越前おおの

会頭も経済界で実績を上げてこられた重鎮の方々が多く、今後、市役所組織で対応できない地方創生ビジネス対応力を伸ばしていくことなど活躍の場が増えてくると思われます。

市役所と商工会議所の職員・人事交流が有効です。日本の市町村は議会制度で、すべての事業を議会承認で行う必要があり、市役所職員も定期的な人事異動があり、地域再生事業の専門職員が育ちにくいことが実態となっています。

「まちづくり会社」に予算を一括委託して地域再生を専門に行っていけば、成果主義でタイムリーに地域再生事業開始と市民支援と実績も可能となります。

地域の「まちづくり会社」が国に補助金の直接申請を行える制度を増やしていけば、地方創生事業、地域再生事業の資金面（補助金）、人材面（国の外部専門家人材）等の制度もスピードアップが図れて有意義に活用できるようになります。

まちづくり会社の目的は政策づくりだけではなく、政策づくりと地方創生ビジネスづくりの実行、成果を追求することです。

❖神社の活用

日本の各市町村には神社が多くあり、良き伝統を伝承しています。

これからの地方創生でも、神社の付加価値資源を活用して地方創生の新規事業を外部に発信して、地域にヒト・モノ・カネを呼び込み、地域のＧＤＰ（域内総生産）を拡大することはできます。人脈拡大にも繋がります。

4　新たな発想で歴史的遺産の発信を図ることの重要性

従来の伝統的な歴史的遺産は、外部への発信努力を強化することが大事です。

発信の努力と同時に、歴史的遺産の周辺に新たな仕掛けをつくり、その周辺一帯が世界遺産に認定を受けるほどの魅力づくりが必要です。

新たな仕掛けを作ることで新たな観光客を呼び込み、その収入で従来からの歴史的遺産のPRの費用に充当すればダイナミックな発信が持続拡大できます。

各地の伝統的な歴史的遺産を観光客誘致の核とする場合、従来からの中高齢者の観光客以外

▲春日神社　良縁の樹：平成29年

▲眞名井神社：宮津市

▲三宅神社：舞鶴市

▲上八幡宮：上天草市

▲佐佳枝廼社：福井市

に新規の若者、家族観光客、本物・コト志向の女性観光客を呼び込むためには斬新で革新的な魅力づくりが必要なのです。

新たな魅力づくりに成功すると、観光客の年代層も拡大して、従来の歴史的遺産のリピーター観光客の維持拡大も可能となり相乗効果も出ます。

その場合、大自然の魅力づくりを歴史的遺産に融合させて、その周辺の地域一帯が大きな癒しを感じる世界遺産ゾーンの認定を受ける意気込みと仕掛けづくりが重要です。

▲春日神社の良縁の樹：福井県・大野市

歴史的遺産と周辺の大自然の壮大な景色の棚田に果樹園、お花畑などの新たな８次産業創出ゾーンもつくる取り組みを行い、大自然との融合を図ることが大事です。

例えば、福井県永平寺町の総本山永平寺の圧倒的な存在感と、周辺の壮大な景観の志比北地域の新たな取り組みとのコラボレーションで相乗効果を引き出せます。

新たなブランドづくりの発想の基本は、売れ筋×売れ筋で、新しいブランドづくりを行うことです。さらに、大自然×大自然の融合で地域の魅力が倍増します。そうすれば、本物志向の女性観光客、若年観光客、家族観光客が訪れます。

その世界遺産を目指す棚田のゾーンの一部で、8次産業による地域特産物に加えて、地域の新ブランド商品を生むことも可能となります。その地域一帯は北陸でもナンバーワンの観光地になる可能性があります。

志比北地域に従来の棚田に加えて、新たな取り組みとして果樹、花卉《かき》などの魅力ある大きな癒しを感じる8次産業のゾーンをつくることです。世界遺産の認定を受けるような壮大なプロジェクトになります。

これからの地方創生では、前記のような従来の魅力ゾーンに新たな魅力ゾーンを創出して掛け合わせるようなダイナミックな発想と実行推進力が最重要なのです。

5 楽しみながら大儲けをすることの重要性

地方創生は楽しく、やり甲斐のある素晴らしい仕事です。しかも、地域の現場で事業が開始して動き出すと、ベンチャービジネス創出のようなダイナミックな経験もできて、楽しく爽快な気分も味わえます。

多くの方に地方創生の本質と実践ノウハウについて学んでもらい、地方創生は個人でも開始、実行できるということを理解していただければ幸いです。多くの方が実践・実行すれば、真の意味で地域が豊かになります。

地方創生は、ノウハウと熱意があれば誰でも成功することが可能です。

地域活性化と人口減少の課題解決は今後とも最重要課題です。

もし現在、私が学生、もしくは転職を考えている若者なら、地方創生の仕事も選択肢に入れることも考えます。

全国の約１８００市町村の地方創生事業はほとんど手付かずの状態です。極端に言えば、地方創生はこれから始まる新規の最重要分野の仕事でもあります。ＡＩ（人工知能）には置き換えられない有望な仕事分野です。

▲永平寺町　大棚田から九頭龍川を挟んで総本山永平寺

想像力、創造力、実行力が必要な仕事で、プロデューサー役が必要です。そのような状況下で、地方創生の政策づくりと、実践、実行、プロデュースできるプロの仕事人として、成果・実績を上げて社会貢献も可能な人材があまりにも少ないのが実情です。

地方創生の仕事は、21世紀の若者、学生の皆さんが参加して自分の夢を実現しながら地域も豊かにして、楽しく、活躍できる有望分野にすべきです。そのためには若者が職業として地方創生に取り組める制度づくりが必要です。

地方創生分野での人材育成制度の充実、そして、市町村が国の外部専門家人材を活発に活用できる制度の充実が必要です。

あとがき

本書の「地域において、私が大儲けをした8つの心得」というキャッチフレーズは、地域の皆様のおかげで、人生の夢を実現できライフワークにまで昇華できたという意味です。

地域振興に取り組み、実施して各地域に親友ができて、いつ訪問しても、夕食をご一緒して、温泉に浸って、人生の本音を語れる楽しい仲間もできて、地方創生の夢、自分の夢を達成できたという感謝の意味です。

地方創生は大自然の中で地域の人々のために動き回り、地域を真の意味で豊かにしていき、地域住民の皆さんに喜んでいただくことのできる事業です。

おかげさまで、私の運は、不思議とドンドン強くなっています。

6年ほど前に私は地方創生の仕事中に、太陽の周囲を虹が囲む「日輪《にちりん》さま」に、生まれて初めて遭遇しました。

京都府宮津市の天橋立にある眞名井神社で初めて目にして以来、毎年3回以上、合計10回以上、「日輪さま」に遭遇しています。

福井市の佐佳枝廼社《さかえのやしろ》、上天草市の弓ヶ浜の温泉・湯楽亭、舞鶴市・三宅神社など、パワースポットばかりです。

大野市の春日神社の境内には「縁を結ぶ良縁の樹」があります（２７３頁）。良縁の樹は、ケヤキの木と杉の木が根っこで結ばれており、良縁の樹に触れれば、良縁に恵まれるという言い伝えがあります。

平成27年8月に私が初めて春日神社に参拝に訪れた時にも、「日輪さま」に遭遇しました。良縁の樹に触れていると、太陽の周りに虹がぐるぐると囲い始めて、大きな丸い虹の日輪が太陽を囲まれました。

さらに不思議なことに、平成28年3月、平成29年5月、6月にも春日神社に参拝に上がり、良縁の樹に触れていると太陽の周りをもくもくと虹が囲み始めて日輪さまになって感激しております。

福井にご縁の深い親鸞聖人は、人は日輪を一生に1回しか見られないと言われたそうで、私は日輪さまとのご縁、地方創生とのご縁に感謝しております。

本書を上梓するに当たっては、すべての方々のお名前を挙げることはできませんが、執筆の推薦を頂きました伊藤忠商事の特別理事の小林栄三様、伊藤忠商事の代表取締役会長ＣＥＯの岡藤正広様、福井大学学長の眞弓光文先生、福井大学副学長の寺岡英男先生、福井新聞社の代表取締役社長の吉田真士様、常務取締役の山本道隆様、営業局次長の滝本光男様、ｆｕプロダクション執行役員編集長の堀一心様、およびお世話になりました大野商工会議所会頭の稲山幹夫様、京都府前知事の山田啓二様、舞鶴市元市長の江守光起様、舞鶴市長の多々見良三様、舞鶴市元副市長の馬場俊一様、舞鶴市副市長の堤茂様、鯖江市長の牧野百男様、宮津市前市長の井上正嗣様、上天草市前市長の川端祐樹様、永平寺町長の河合永充様、福井市長の東村新一様、福井市部次長の増永孝三様、大野市部長の朝日俊雄様、総務省の上村章文様、総務省の牧慎太郎様、総務省の馬場竹次郎様、総務省の高橋範充様、内閣府地方創生推進事務局参事官の蓮井智哉様、ふるさと財団元理事長の嶋津昭様、小浜市長の松崎晃治様、小浜商工会議所総務研修委員長の田中信太郎様、同志社大学名誉教授の佐藤義彦様、京都大学教授の山下洋様、大阪大学名誉教授の冨田康光様、大洞窟の宿　湯楽亭代表取締役の嶋田昭仁様には心から御礼申し上げます。

最後になりましたが、この企画に直ちにご快諾いただき、ご高配とご指導頂きました中央経済社ホールディングス代表取締役最高顧問の山本時男様、および、編集作業を進めて頂きました中央経済社学術書編集部副編集長の酒井隆様に深謝申し上げます。

２０１９年１月

小島　慶藏

《巻末資料》

地方創生での私の実績成果は左記のとおりです。

① 姉妹都市提携の活用、国際入札会活用、地域内企業の輸出60億円初成約支援に成功

② 日本初の国際クルーズ誘致に成功（日本初のクルーズ・セミナー開催と日本初の市民クルーズ開始）⇒平成29年に舞鶴は約40船寄港／年に増加中

③ 国際フェリー航路を開設・支援に成功（舞鶴港〜大連港〜釜山港）

④ 胡蝶蘭の開発輸入システムの構築と、温室造成支援、販売支援に成功

⑤ 日本酒蔵元による海外現地への日本酒500本・初輸出支援に成功

⑥ 濾過式・家庭用浄水器の開発と輸出支援、防災支援成功

⑦ 舞鶴の観光支援（赤れんが農業フェスタ・ジャズ、コンビニの初誘致）

⑧ オリーブ8次産業創出の支援成功（上天草市、宮津市、大野市、福井市）
8000本以上のオリーブ植樹の実施を指導、オリーブ園の開設支援、オリーブオイル2000本の輸入開始支援（上天草市）、オリーブオイル・シニア・ソムリエでスローライフの開始、日本初のオリーブ防風林250本植栽実施（福井市）

⑨ 国際交流支援の実施成功

（上天草市とイタリア・シチリア両市の市長交流、姉妹都市提携・支援実施）
（イタリア・シチリアに上天草市職員と市民同行で2度訪問・国際交流開始）
⑩ ナマコ8次産業創出の広域・国際的支援の実施（養殖・加工・販路創出）
⑪ 鯖江地域の再生
a　IT化・電脳グラス・グーグルグラスの初開発、10億円輸出成功支援
b　ブランド化・ペーパーグラス開発支援、3万個／5億円販売海外支援
⑫ 産官学で電気自動車ベンチャーの輸出販売プラットフォーム支援（舞鶴市）
⑬ 大野商工会議所・大野市と地域振興（赤い糸プロジェクト、オリーブ、大学連携、小京都の街なか温泉プロジェクト、グリーンシティ、ダイヤモンド塾）
⑭ 福井大学と大野商工会議所の地域連携の開始（大学生フィールドワーク実施）
⑮ 各地域で若者勉強会の立ち上げ、継続実施（東八塾、青龍会、ダイヤモンド塾）
⑯ 講演会の講師（総務省・経済講演会・約300名参加、長野県議会・研修セミナー・約530名参加、福井市役所150名参加、商工会議所、JC等）
⑰ 国立大学で地方創生講義（福井大学で年18回講義「これからの地方創生と国際戦略」、学生の地方創生の人材育成、次々世代の地域の担い手づくり）
⑱ 産官学で、海外の胡蝶蘭を開発、1000本単位で輸入販売支援・成功

⑲　「赤れんがと潮風が、出会うまち」のキャッチフレーズに（舞鶴市の観光振興）

⑳　農業者に認定（2年間、生涯初の自作農・1万平方メートル、農業委員会から認定）

●著者紹介

小島　慶藏（こじま　けいぞう）

京都市生まれ。同志社大学法学部卒業。産・官・学の３分野で活動。伊藤忠商事（大阪本社入社、海外支店の部長、従業員3500名の海外事業会社の代表取締役社長、福井事務所長）、舞鶴市役所・産業振興監５年勤務を経て、全国各地で地方創生事業に取り組む（舞鶴市、上天草市、宮津市、大野市、福井市、永平寺町、若狭町、鯖江市など）。
現在、総務省の地域力創造アドバイザー、経済産業省のタウンマネージャー、内閣府のクールジャパン・プロデューサー、ふるさと財団の地域再生マネージャーなどで全国各地の市役所、町役場と支援活動を展開中。併せて、長野県議会やその他の行政機関で、「これからの地方創生と国際戦略」などのテーマで講演会セミナーで講師を務めている。福井大学の特任教授（「これからの地方創生と経営学」を学生に講義中）。勉強会は福井県の「青龍会」塾長、大野市の「ダイヤモンド塾」塾長、舞鶴市の「東八塾」名誉顧問で継続中。オリーブオイル・シニア・ソムリエで、イタリアの最北部から最南端まで回ってオリーブを研究。日本全国でオリーブ8000本以上を植樹、オリーブ８次産業創出を展開中。農業者、食育指導士。趣味は神社詣り。

地方創生でリッチになろう！
■成功する８つの心得

2019年３月25日　第１版第１刷発行

著　者　小　島　慶　藏
発行者　山　本　継
発行所　㈱　中　央　経　済　社
発売元　㈱中央経済グループパブリッシング

〒101-0051　東京都千代田区神田神保町1-31-2
電話 03（3293）3371（編集代表）
03（3293）3381（営業代表）
http://www.chuokeizai.co.jp/
印刷／昭和情報プロセス㈱
製本／誠　製　本　㈱

＊頁の「欠落」や「順序違い」などがありましたらお取り替えいたしますので発売元までご送付ください。（送料小社負担）

ISBN978-4-502-29141-8　C3034

シリーズ「日本一短い手紙」

本体1,200円＋税

本体1,000円＋税

本体1,000円＋税

本体1,000円＋税

本体900円＋税

本体900円＋税

本体900円＋税

本体900円＋税

本体900円＋税

本体1,000円＋税

本体900円＋税

本体900円＋税

本体900円＋税

本体900円＋税

本体900円＋税

本体900円＋税

本体900円＋税

本体1,000円＋税

本体1,000円＋税

本体1,000円＋税

本体1,000円＋税

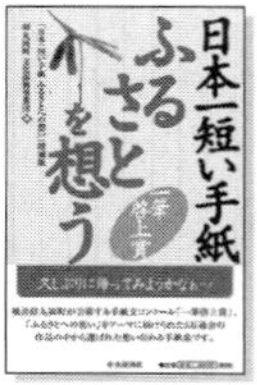

本体1,000円＋税

本体1,000円＋税

既刊
好評発売中